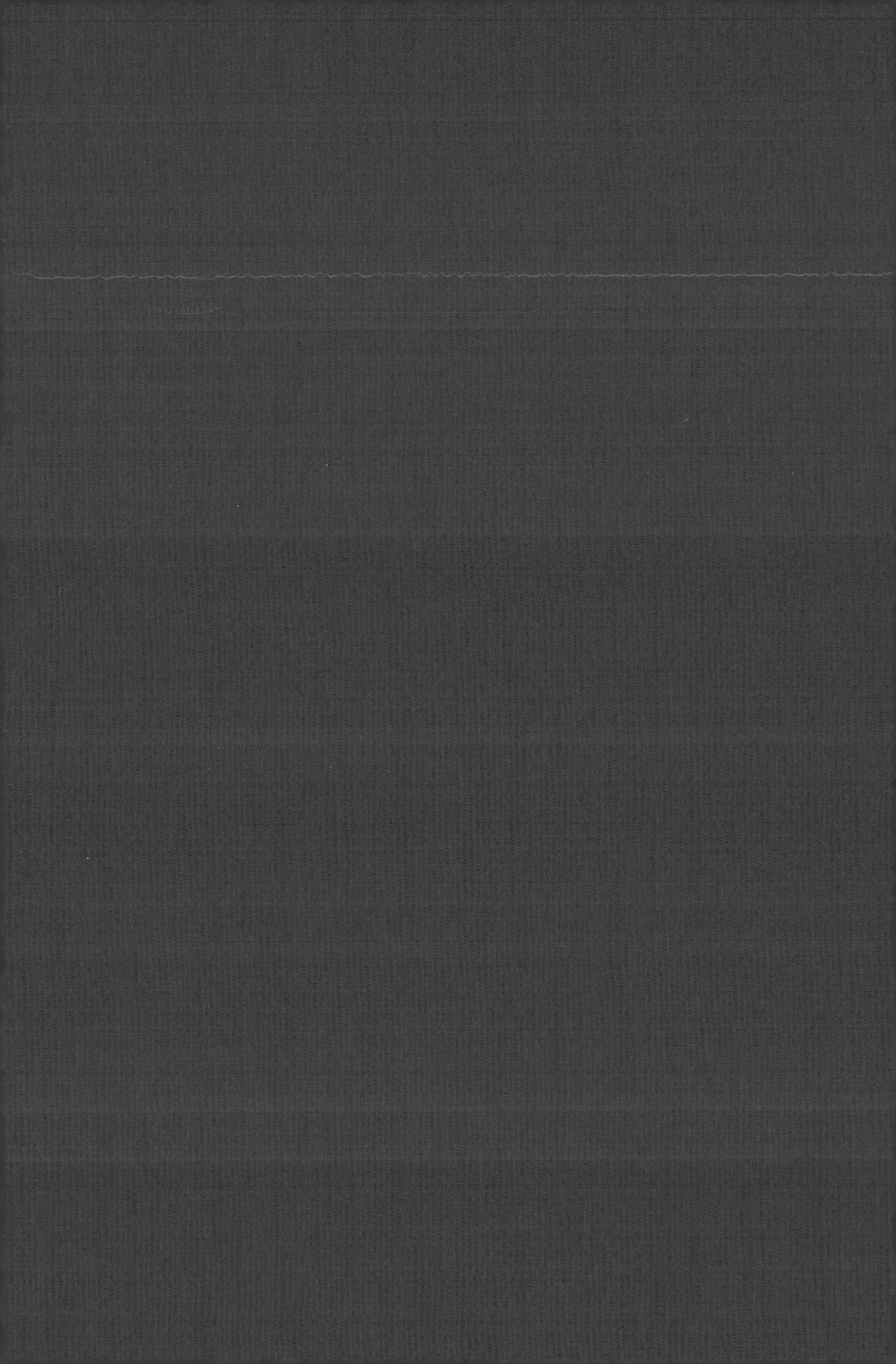

"新时代新思想标识性概念"丛书编委会

主　任

姜　辉

副主任

辛向阳　李正华

编　委

王巧荣　刘志明　李　文　余　斌　宋月红　陈志刚
林建华　欧阳雪梅　郑有贵　贺新元　龚　云　潘金娥

新时代新思想标识性概念丛书
XINSHIDAIXINSIXIANG
BIAOSHIXINGGAINIANCONGSHU

全面建成小康社会

夏一璞 ◎著

人民日报出版社
北京

图书在版编目（CIP）数据

全面建成小康社会 / 夏一璞著 . -- 北京：人民日报出版社，2021.1
ISBN 978-7-5115-6890-8

Ⅰ.①全… Ⅱ.①夏… Ⅲ.①小康建设—中国—通俗读物 Ⅳ.① F124.7-49

中国版本图书馆 CIP 数据核字 (2021) 第 015175 号

书　　名：	全面建成小康社会
作　　者：	夏一璞
出 版 人：	刘华新
责任编辑：	周海燕　孙　祺
封面设计：	墨航工作室

出版发行：人民日报出版社
社　　址：北京金台西路 2 号
邮政编码：100733
发行热线：（010）65369527　65369509　65369512　65369846
邮购热线：（010）65369530　65363527
编辑热线：（010）65369518
网　　址：www.peopledailypress.com
经　　销：新华书店
印　　刷：涞水建良印刷有限公司

开　　本：	710mm×1000mm　1/16
字　　数：	210 千字
印　　张：	12.5
版　　次：	2021 年 3 月第 1 版
印　　次：	2021 年 3 月第 1 次印刷
书　　号：	ISBN 978-7-5115-6890-8
定　　价：	39.00 元

前　言

　　习近平总书记在哲学社会科学工作座谈会上的重要讲话中，对我国哲学社会科学发展状况进行分析时明确指出："我国是哲学社会科学大国，研究队伍、论文数量、政府投入等在世界上都是排在前面的，但目前在学术命题、学术思想、学术观点、学术标准、学术话语上的能力和水平同我国综合国力和国际地位还不太相称。"同时强调，要着力构建中国特色哲学社会科学。构建中国特色哲学社会科学，基础在建构学科体系、学术体系、话语体系，关键在构建话语体系，核心在提炼标识性概念和范畴。只有从中国革命建设改革的伟大实践中提炼出标识性概念和范畴，才能形成自己的话语和话语体系；只有构建了一套系统科学的话语体系，才能建构好相应的学科体系与学术体系；只有建构好了学科体系、学术体系、话语体系，才能构建好体现中国特色、中国风格、中国气派的中国特色哲学社会科学。

　　概念与学科建构、理论发展之间密切相关，犹如细胞与生命一样的关系。标识性概念的缺乏或不成体系，科学理论难以形成，学科体系也无从建设。标识性概念既是中国特色哲学社会科学发展的基础，更是我们党的理论成熟的标志。概念在实践中的指向越具体，它所支撑起来的理论大厦就越具有彻底性，理论就越有解释力。马克思主义认识论认为，一个成熟概念的提出是理论创新从抽象到具体的必经阶段。也就是说，理论创新首先要提炼概念或概念创新。只有当不断提炼的概念得到认识与认可，它才有生命力，进而才能使理论明晰而实现逻辑化、系统化和科学化。

虽说我们在解读中国实践、构建中国理论上最有发言权，但因我们能得到国内外认同的标识性概念和范畴还有所缺失且不成体系，致使我国哲学社会科学在国际上的声音还比较小，还处于有理说不出、说了传不开的境地。要善于提炼标识性概念，打造易于为国际社会所理解和接受的新概念、新范畴、新表述，这是构建我们的话语体系乃至学科体系和学术体系的当务之急。

我们党在革命建设改革取得辉煌成就的伟大实践中，依循着人类社会发展规律，顺应着时代特征，充分发挥创新能力，在理论上相继形成毛泽东思想、邓小平理论、"三个代表"重要思想、科学发展观，同时提炼出许多支撑这些理论的标识性概念。党的十八大以来，以习近平同志为核心的党中央从理论和实践结合上系统回答"新时代坚持和发展什么样的中国特色社会主义、怎样坚持和发展中国特色社会主义"这一重大时代课题，以全新的视野深化对共产党执政规律、社会主义建设规律、人类社会发展规律的认识，进行艰辛理论探索，取得重大理论创新成果，形成了新时代中国特色社会主义思想。党的十八大以来提炼出许多新的符合时代特征的标识性概念，这些概念因其科学性不仅成为习近平新时代中国特色社会主义思想这一理论大厦的坚实的奠基石，而且越来越得到国内乃至国际社会的普遍认同。比如，2016年5月，习近平总书记在哲学社会科学工作座谈会上的重要讲话中指出：推进国家治理体系和治理能力现代化，发展社会主义市场经济，发展社会主义民主政治，发展社会主义协商民主，建设中国特色社会主义法治体系，发展社会主义先进文化，培育和践行社会主义核心价值观，建设社会主义和谐社会，建设生态文明，构建开放型经济新体制，实施总体国家安全观，建设人类命运共同体，推进"一带一路"建设，坚持正确义利观，加强党的执政能力建设，坚持走中国特色强军之路、实现党在新形势下的强军目标，等等，都是我们提出的具有原创性、时代性的概念和理论。

中国社会科学院马克思主义理论创新智库，拟从党的十八大以来党的创新理论中提取部分重要的核心的标识性概念进行理论和学术上的解读，形成"新时代新思想标识性概念"研究系列丛书。在选择概念和进行解读时，遵循了以下几个基本要求：一是既要体现学术性，也要体现政治性，要做到政治性与学术性有机结合。二是既要体现理论价值，也要体现实践价值。这些概念是从实践中抽象提炼升华出来的，具有重大实践价值和理论价值；同时，这些概念又对推进实践具有指导性价值。三是既要立足体现"中国特色"，也要吸收外来有益的经验与理论。四是既要立足中国，也要放眼世界。五是既要坚持马克思主义，也要体现中国优秀传统文化，做到二者有机结合。

本智库与人民日报出版社合作出版"新时代新思想标识性概念丛书"，已经出版了第一辑共八种图书，本次出版第二辑的八种新书。希望本套丛书有助于广大党员干部学习和领会习近平新时代中国特色社会主义思想。

中国社会科学院马克思主义理论创新智库　编委会

目 录

绪 论 ·· 1

第一章 全面建成小康社会的概念演进与历史进程

第一节 传统文化中"小康"社会的起源与发展 ···················· 8
第二节 现代小康社会思想的奠基 ······································ 23
第三节 邓小平赋予小康社会"中国式的现代化"新内涵 ········ 29
第四节 总体小康社会向全面建设小康社会发展 ···················· 45
第五节 向全面建成小康社会进发 ······································ 57

第二章 全面建成小康社会引领"四个全面"战略布局的发展

第一节 全面深化改革为实现全面建成小康社会注入强大动力 ······· 72
第二节 全面依法治国为实现全面建成小康社会保驾护航 ··········· 74
第三节 全面从严治党是全面建成小康社会的根本政治保证 ········· 77

第三章 新发展理念视域下决胜全面建成小康社会

第一节 创新发展是决胜全面建成小康社会的动力 ·················· 88
第二节 协调发展是决胜全面建成小康社会的路径 ·················· 95

第三节　绿色发展是决胜全面建成小康社会的方向 …………… 98

第四节　开放发展是决胜全面建成小康社会的必由之路 ………… 104

第五节　共享发展是决胜全面建成小康社会的归宿 ……………… 112

第四章　坚定实施全面建成小康社会的七大战略举措

第一节　科教兴国战略是全面建成小康社会的智力支持 ………… 120

第二节　人才强国战略是全面建成小康社会的人才保障 ………… 128

第三节　创新驱动发展战略是全面建成小康社会的持久动力 …… 136

第四节　乡村振兴战略是全面建成小康社会的重要部署 ………… 150

第五节　区域协调发展战略是全面建成小康社会的关键举措 …… 155

第六节　可持续发展战略是全面建成小康社会的内在追求 ……… 159

第七节　军民融合发展战略是全面建成小康社会的安全保障 …… 165

第五章　全面建成小康社会的重大意义与经验启示

第一节　全面建成小康社会促进人类社会进步 …………………… 174

第二节　全面建成小康社会促进世界经济发展 …………………… 176

第三节　全面建成小康社会拓展发展道路选择 …………………… 177

第四节　全面建成小康社会要坚持党的领导，提升党的执政能力 … 179

第五节　全面建成小康社会要坚持以人民为中心，得到人民认可 … 183

参考文献 ……………………………………………………………… 186

绪 论

改革开放40多年来,中国始终坚定地走在建设小康社会的道路上。人民生活水平从温饱到总体小康,从总体小康到全面小康,从全面建设小康社会到全面建成小康社会,从全面建成小康社会到开启全面建设社会主义现代化国家新征程,始终与中华民族站起来、富起来到强起来的坚定步伐紧密契合。党的十八大以来,中国特色社会主义进入新时代,全面建成小康社会进入决胜阶段,实现了党提出的"两个一百年"奋斗目标的第一个百年奋斗目标。中国共产党坚守初心、牢记使命,带领勤劳勇敢、踏实奋进的中国人民,激发和汇聚中华民族伟大复兴的磅礴伟力,在全面建设社会主义现代化国家的征程上踏得坚实,走得豪迈。

新时代是中国发展新的历史方位,在这个继往开来、承前启后的重要时刻,在几代人持之以恒、初心不改、一以贯之的接续奋斗中,我国全面建成小康社会的伟大事业胜利在望,取得了决定性成就。

第一,从综合发展指标来看,我国生产力水平与经济实力大幅跃升。2019年我国经济总量逼近100万亿元,人均国内生产总值首次突破10000美元,大大超过了邓小平同志制定小康社会时的预想。中国的人均国内生产总值在中等收入国家中位居前列。而在各国的人类发展指数这一指标上,2019年,中国在世界189个国家和地区中排在第

85位，属于中上水平。我国城镇化率突破60%，而中等收入国家城镇化平均水平仅为52%。

第二，从社会民生来看，中国人民的生活水平有了大幅度提高。党的十八大确定的2020年城乡居民人均收入比2010年翻番的目标可以如期实现。2018年中国居民恩格尔系数（食品占居民消费支出比重）已降至28.4%，消费升级明显。在日常生活方面，城乡家电全面普及，汽车成为寻常百姓的家用之物。据统计，2018年全国居民每百户家用汽车拥有量为33辆，高于新加坡和香港。住房是以往困扰中国人的民生痛点与短板，经过全面建成小康社会的艰苦实践，住房条件显著改善，2018年我国城镇和农村居民人均住房建筑面积分别为39平方米和47.3平方米，高于一部分发达国家。

第三，从基础设施和公共服务来看，国家基本实现覆盖城乡的基本医疗卫生制度，健康事业获得长足发展。九年义务制教育在全国全面普及，大幅度提高中国人民的思想文化素质与科教兴国、科教兴家的战略意识。高等教育正在由以往的大众化阶段进入普及化阶段，毛入学率在2019年高达51.6%。与此相应的，覆盖城乡居民的社会保障体系基本建立，人均预期寿命在2017年达76.7岁，高于世界平均预期寿命4.2岁。农村在电力、饮水等基础设施的建设上也取得了长足发展，农村居民在2016年已经做到接入电力比例为100%，保证村村通电，家家有电，远高于世界平均接电水平87.4%。据2020年8月21日水利部副部长田学斌在国务院新闻办举行的发布会上宣布，按照现行标准，中国贫困人口饮水安全问题得到了全面解决，八成以上农村人口用上了自来水，水质明显改善，告别了吃水愁水、缺水找水的历史。可以说，党的十九大报告提出的"幼有所育、学有所教、劳有所得、病有所医、老有所养、住有所居、弱有所扶"①的规划已经基本完成。

第四,三大攻坚战取得决定性胜利,确保全面建成小康社会和"十三五"规划圆满收官。在2020年新冠肺炎疫情蔓延的艰苦时刻,我国防范化解重大风险攻坚战毫不松懈,扎实做好"六稳",落实"六保","党中央领导坚强有力,全党'四个意识'、'四个自信'、'两个维护'显著增强,意识形态领域态势积极健康向上,经济保持着稳中求进的姿态,全国各族人民同心同德、斗志昂扬,社会大局保持稳定"。②

党的十八大以来,我国精准脱贫攻坚战"力度之大、规模之广、影响之深,前所未有,取得了决定性进展,显著改善了贫困地区和贫困群众生产生活条件,谱写了人类反贫困历史新篇章。"③2019年年末,全国农村贫困人口551万人,比2018年年末减少1109万人,下降66.8%;2019年我国贫困发生率仅为0.6%,比2018年下降1.1%。从总趋势看,我国农村贫困人口继续大幅减少,贫困发生率显著下降,贫困地区农村居民收入增长幅度明显高于全国农村平均水平。我国在精准扶贫脱贫的伟大实践中,不断促进贫困地区的发展,构筑了全社会范围内扶贫的强大合力,创造了我国减贫事业历史上最好的成绩,也被国际社会盛赞为发展中国家中的"优等生"。

近年来,在习近平生态文明思想的科学指导下,我国污染防治攻坚战取得了长足的进步与决定性的成就。据《2019中国生态环境状况公报》和《2019年中国海洋生态环境状况公报》的数据显示,2019年,全国337个地级及以上城市环境空气PM2.5浓度为36微克/立方米,同比持平,其中,未达标城市PM2.5年均浓度为40微克/立方米,同比下

---

① 习近平:《决胜全面建成小康社会 夺取新时代中国特色社会主义伟大胜利》,《人民日报》2017年10月28日。
② 《习近平谈治国理政》第3卷,外文出版社2020年版,第219页。
③ 《习近平谈治国理政》第3卷,外文出版社2020年版,第148页。

降 2.4%。在全国 1940 个国考地表水断面中，Ⅰ～Ⅲ类比例为 74.9%，同比上升 3.9%；劣Ⅴ类比例为 3.4%，同比下降 3.3%。海洋生态环境状况总体稳中向好，我国管辖海域一类水质面积比例同比略有上升，劣四类海域面积同比略有减少，近岸海域水质总体稳中向好。全国生态环境质量优良县域面积占国土面积的 44.7%，同比持平；全国农用地土壤环境状况总体稳定；全国环境电离辐射水平处于本底涨落范围内。经初步核算，2019 年单位国内生产总值二氧化碳排放同比下降 4.1%，完成年度预期目标。生态文明方面的重大进步使我国在社会发展中实现了农业文明、工业文明和生态文明的有机融合，为全面建成小康社会、实现可持续发展奠定了重要基础。

2020 年 10 月 26-29 日，中国共产党第十九届中央委员会第五次全体会议在北京举行。会议全面总结和高度评价了全面建成小康社会取得的决定性成就，肯定了"十三五"时期国家在全面深化改革、全面依法治国、全面从严治党上取得的重大突破、重大进展与重大成果，使得中国的经济实力、科技实力、综合国力跃上新的大台阶，保证了经济运行总体平稳，经济结构持续优化。会议宣告"十三五"规划目标任务即将完成，全面建成小康社会胜利在望，标志着中国在中华民族伟大复兴的战略全局和世界百年未有之大变局中，推进中华民族伟大复兴向前迈出了新的一大步，社会主义中国以更加雄伟的身姿屹立于世界东方。

中国的改革与发展只有进行时，没有完成时。中国取得的所有成果都源于自立自强中国人的接续努力，今后中国也必将在开放创新中奋勇前行，永不止息。十九届五中全会透彻分析了中国现阶段所面临的国际国内机遇与挑战，制定了"十四五"时期经济社会发展指导思想和必须遵循的原则，提出了"十四五"时期经济社会发展的六大主要新目标：经济发展取得新成效、改革开放迈出新步伐、社会文明程度得到新提高、生态文明建设实现新进步、民生福祉达到新水平、国家治理效能得到新提升。"十四五"时期经济社会发展目标制定新字当头，一方面体现了对全面建成小康社会取得的决定性成就的充分肯定与发展总体方向的坚持，另一方面表明了"十四五"规划对经济社会发展有着更高的要求，更着眼于未来的长远导向。十九届五中全会立足高远、求真务实地勾勒出中国中长期发展的宏伟蓝图，提出到2035年基本实现社会主义现代化远景目标，将"四个全面"战略布局中排在首位的"全面建成小康社会"修改为"全面建设社会主义现代化国家"。这标志着中国将在"十四五"期间，不畏艰险，乘势而上，开启全面建设社会主义现代化国家的新征程，向第二个百年奋斗目标进军。

"四个全面"战略布局的新表述体现了党治国理政的长远谋划，昭示了党与时俱进的理论品格，强化了战略布局各个方面的协调发展。无论是全面建成小康社会，还是全面建设社会主义现代化国家，都是社会主义现代化建设的重要阶段目标。从全面建成小康社会到全面建设社会主义现代化国家的目标转化，是党在对社会发展阶段、国际国内大局、时代特征趋势准确科学把握的基础上，实现了"两个一百年"奋斗目标的系统对接与有机衔接。全面理解全面建成小康社会这一标识性概念，将更加有利于我们深刻领会党在治国理政中不断与时俱进的新创造，准确把握马克思主义与中国实践相结合的进程中不断发展的新飞跃，自觉以习近平新时代中国特色社会主义思想为指导，接续实现一个又一个奋斗目标，从而使中华民族焕发出强大的生机与活力，奋力夺取全面建设社会主义现代化国家的新胜利，实现中华民族伟大复兴的中国梦。

第一章
全面建成小康社会的概念演进与历史进程

"小康"是中国社会特有的关于社会建设、生活理想、发展前途和人类前景的概念，具有悠久的历史渊源、深厚的文化积淀、丰富的发展脉络和鲜明的时代特征。小康社会是典型的中国本土化的社会模式与治理概念，是基于中国优秀传统文化中"民本思想"阐发而成的治国理政的顶层设计。"小康"社会概念从传统小康到总体小康社会，到全面建设小康社会，再到全面建成小康社会，经历了一系列的变化与发展。无论"小康"概念经过了如何丰富多样的理论阐释、复杂曲折的历史演进与波澜壮阔的时代变迁，其中蕴含的深切的人文关怀古今相通，高扬人本主义的民族精神永放光辉。

下面，我们通过梳理"小康"概念的历史流变，回顾"小康"的缘起与发展，立足当下决胜全面建成小康社会的伟大实践，展望社会主义现代化强国与中华民族伟大复兴的壮阔未来。

第一节 传统文化中"小康"社会的起源与发展

传统文化中的"小康"最初源自劳动人民对安定幸福生活的向往，对辛勤劳动构筑美好前景的展望，与古代思想家所构想的"大同"社会相对应而出现，既彼此联系，又相互区别。因此，要理解"小康"概念的发展脉络，必须回溯到"小康"最初出现的语境中，伴随着传统中国人对"小康"理解的发展，一步一步梳理概念的源流。

一、传统"小康"概念的发展脉络

"小康"在有记载的文献中首次出现于《诗经·大雅·民劳》。在这一篇章里，西周时期的重臣召虎——后世尊称之为召穆公——因

第一章
全面建成小康社会的概念演进与历史进程

不满国君周厉王的横征暴敛、堵塞言路,借老百姓在艰辛劳作之余的慨叹委婉地讽喻劝诫君王适当与民休息,以安定国土。《民劳》全诗分为五节,第一节即为"民亦劳止,汔可小康。惠此中国,以绥四方。"[①]意为请(君王)看看老百姓的劳作是多么艰辛啊,他们仅仅想在劳作中稍做止息,请国君爱护一下城中的老百姓吧,这样也能够安抚四方诸侯,巩固国家。这里的"小康"和后四节中的"小休""小息""小愒"和"小安"的意思接近,均有休养生息、安乐平和之意,与诗中的"劳"相对应。"小康"用语的首次出现并不涉及理想国家与社会模式的建设,但具体直观地表达了劳动人民的生活愿望与对统治者应该如何正确对待民众的指引。可以说,"小康"概念从诞生之日起,就具备了民生与社会建设的内涵,而这也成为小康社会概念诞生的历史源流和文化基础。

"小康"一词第二次出现在古代文献典籍里是在西汉整理成书的《礼记·礼运》篇之中。《礼记》作为记载先秦时期儒家学说和礼制解释的经典汇编,体现了儒家关于社会秩序、人伦序列以及社会发展目标的理想。在《礼记·礼运》篇中,"小康"不仅表达了人民对休养生息的渴望,更体现了儒家在社会顶层设计和社会形态上的构想,集中展现了以儒家为代表的封建社会治国理政的特点。

《礼记》有云:"今大道既隐,天下为家。各亲其亲,各子其子,货力为己。大人世及以为礼,城郭沟池以为固。礼义以为纪,以正君臣,以笃父子,以睦兄弟,以和夫妇,以设制度,以立田里,以贤勇知,

---

[①]《诗经·大雅·民劳》全文:"民亦劳止,汔可小康。惠此中国,以绥四方。无纵诡随,以谨无良。式遏寇虐,憯不畏明。柔远能迩,以定我王。民亦劳止,汔可小休。惠此中国,以为民逑。无纵诡随,以谨惛怓。式遏寇虐,无俾民忧。无弃尔劳,以为王休。民亦劳止,汔可小息。惠此京师,以绥四国。无纵诡随,以谨罔极。式遏寇虐,无俾作慝。敬慎威仪,以近有德。民亦劳止,汔可小愒。惠此中国,俾民忧泄。无纵诡随,以谨丑厉。式遏寇虐,无俾正败。戎虽小子,而式弘大。民亦劳止,汔可小安。惠此中国,国无有残。无纵诡随,以谨缱绻。式遏寇虐,无俾正反。王欲玉女,是用大谏。"

以功为己。故谋用是作，而兵由此起。禹、汤、文、武、成王、周公，由此其选也。此六君子者，未有不谨于礼者也。以著其义，以考其信，著有过，刑仁讲让，示民有常。如有不由此者，在埶者去，众以为殃。是谓小康。"在《礼记》中，"小康"与"大同"有了初次的对照。大同是大道之行，而小康是大道既隐。在大同大道隐没已成定局之时，孔子向往的天下为公的理想社会已然消失在历史的长河里，国家成为统治者的私产，更小单元的家庭各行其是，各亲其亲。如何在这样的时代条件下尽力建设一个相对理想的社会，让人们获得必要的幸福与安宁呢？为此，儒家经过漫长的思索与探索，提出了"小康"的概念，即以礼制为纲纪，以统治者遵纲守常为榜样，选贤任能，让老百姓在儒家纲常下自觉有礼地生活，以他律和自律相结合的形式，维护社会正常的运转。可以说，在中国古代，"小康"的提出真实地反映了当时社会生产扩大，氏族公社向较为明确的劳动分工社会化转变的过程，体现了文明在社会生产力驱动下的进化。以孔子为代表的儒家学派虽然对大同社会的遗落心存唏嘘，但面对已然成为现实的土地私有制和"天下为家"的社会制度时，唯有积极用适应生产力发展的小康之礼治理国家，才能保障国家的长治久安。"小康"概念体现了儒家治国的积极性、建设性与创造性，也真实生动地体现了人民对美好生活的向往是千百年以来不曾改变的梦想。可以说，《礼记》中的"小康"和《诗经》中的"小康"在渴求安定、向往幸福上是根脉相通的。如果能够坚定严格地按照礼制的规则运转下去，当时的"小康"社会也不失为一个相对美好的社会。只可惜，在私有制的生产关系中，制定什么样的礼制和怎样制定礼制都存在一定的问题，更遑论维持所谓理想的礼制，这也就是孔子一再慨叹礼崩乐坏却无计可施的原因。

此后，儒家学派的另一位大儒孟子由礼制的制定与存在的客观条

第一章
全面建成小康社会的概念演进与历史进程

件入手，对小康社会的思考更加深入与具体，从而对理想的社会图景进行了进一步的完善。孔子提出要制定和遵循礼制，但是对礼制的具体内涵阐释得相对抽象，孟子则用"仁政"和"王道"等概念充实丰富了小康社会应遵循的礼制的内涵。在孟子看来，统治者只有施行仁政才能赢得民心、巩固统治，才能形成"王道"。孟子给仁政确定了具体的标准，即要让老百姓劳有所得，在经济上得以安定，在心灵上得以抚慰。在《孟子·滕文公上》中，孟子这样阐述他的主张，"无恒产而有恒心者，惟士为能。若民，则无恒产，因无恒心。苟无恒心，放辟邪侈，无不为己。及陷于罪"。在孟子看来，世界上或许存在少量的"无恒产而有恒心"的贤士，但是他们并不构成国家的主体。国家的主体必然是老百姓，而老百姓必然是"有恒产"才能"有恒心"。"今也制民之产，仰不足以事父母，俯不足以畜妻子；……此惟救死而恐不赡，奚暇治礼义哉？"礼制完善是国家统治的政治前提，可是当百姓的基本生存需求无法满足时，如何指望礼制得以遵守。礼制再完美，不具备遵守的客观条件，也都是纸上谈兵。"仓廪实而知礼节"，经济基础与社会物质条件始终是社会发展的根本前提。

孟子对"小康"概念的发展着重体现在两方面，一方面是从劝诫的角度，对统治者有了更加具体切实的治国理政建议；另一方面是首次强调了"小康"在经济层面的含义。《诗经》中的"小康"侧重于减轻艰苦劳作的强度，《礼记》中的"小康"更看重封建礼法的遵守，而孟子则在两者的基础上从经济角度定义了小康，即"有恒产"。恒产表明小康社会已经从一无所有、身无长物到安居乐业、相对温饱，即使在不发达的小农经济生产条件下不可能做到富裕，却能维持生活的安定和心灵上的安逸。孟子对小康社会在经济含义上的创新阐述，对后世小康社会的提出与发展有着重要的文化奠基作用。

到了战国后期，礼乐的崩坏与社会的混乱更加挑战了礼制对社会秩序维持的作用。作为儒家学派最后一位大儒，荀子的治国思想在单纯的维持礼制之外增加了一定的法制因素，是战国法家思想的起源。荀子在《君道》篇中将法提升到了与礼相等的高度。所谓"至道大形，隆礼至法则国有常，尚贤使能则民知方，纂论公察则民不疑，赏克罚偷则民不怠，兼听齐明则天下归之"。在荀子的心中，小康社会的理想如果要实现，仅仅依靠完美的礼制或寄希望于完美的君主是不现实的，必须要在礼制之外辅以严明的法纪，二者相结合才是大道之行。礼法结合的社会体制将内在于人心，难以控制的人伦德性修炼转变为外在的行动，可见对礼法的敬畏与顺服。这种社会机制虽然从表面上看，提升了社会控制的可操作性，却因为经济上的私有制和政治上的封建专制极容易转化为不可控的暴政。这一点在秦朝短暂而残暴的统治上得到了验证。

传统"小康"概念起源于先秦老百姓对幸福生活的向往，发展于儒学大家从社会制度层面的阐释。在封建社会早期，"小康"描摹了人民对理想社会的憧憬，为了实现小康社会，无论是召穆公还是孔子，无论是孟子还是荀子，都试图从现存的社会关系中找到最适宜的解决方案，最终却因为生产关系和社会制度的限制难以实现。

随着战国末期儒家学派的衰落和秦朝法家统治的兴起，小康社会对社会图景的憧憬逐渐陷入沉寂。严刑峻法消融了臣民内心对礼制的信仰，沉重的徭役税赋击溃了安宁休息的希望。"小康"的理想在秦朝，与国家治理的方向和目标渐行渐远。汉朝初年以"牧民之道，务在安之"的安民政策为指导，主张休养生息、宽刑薄赋。经过一段时间的调整，汉初社会经济迅速恢复，"海内殷富，国力充实"。在汉朝以后，中国封建生产关系进入一个相对成熟的阶段，生产力水平相对发达，中

第一章
全面建成小康社会的概念演进与历史进程

国社会开始出现封建"治世"。"小康"理念复苏，思想成长获得了适宜的物质土壤，回归到了《礼记》的经典模式，与"大同"相对应，成为社会通往"大同"的必经之路。

东汉时期著名的儒学大师、今文经学家何休在其苦心孤诣十多年著成的《春秋公羊解诂》一书中，首次明确地将"大同"与"小康"作为儒家治国理想的最高目标和现实目标对应列出。何休师承春秋公羊派，专研今文经学，长于对社会规律的考察与探究。公羊派的主要学术任务是"张三世"。在公羊派的学术体系里，孔子著春秋历史242年，意在对社会的乱治变化进行清晰的剖析，并以此确立国家治理的准则。何休在总结《礼记·礼运》对"大同"和"小康"论述的基础上，制定了对后世影响极大的"三世说"，即"衰乱世""升平世"和"太平世"。"三世说"是何休依照公羊派的理念，在对鲁国发展历史考察的基础上，对社会发展规律的探索。何休认为社会发展遵循着从乱到治，从野蛮到文明，从原始到先进，从落后到进步的规律，其中"衰乱世""内其国而外诸夏"，对应的是礼崩乐坏、横征暴敛的乱世；"升平世""内诸夏而外夷狄"，对应的是"天下为家，各亲其亲"的小康社会；"太平世"则"夷狄进至于爵，天下远近大小若一"[①]，代表着"天下为公"的大同之道。必须明确的是，虽然以何休为代表的公羊学派的社会演化学说极富想象力，对春秋历史的微言大义另辟蹊径，但他们所持的社会演化只局限于对社会状态改变的想象，不涉及对社会性质的转变。也正是在这个层面上，历史学家顾颉刚认为"三世说"既不符合春秋历史，也不符合奋斗现实，只是对历史的浪漫想象。

"三世说"从社会演化角度论述"小康"概念，不仅承继了《礼记》中"小康"与"大同"对应存在的传统模式，并且将"小康"与"大同"

---
① 何休：《春秋公羊经传解诂·隐公元年》。

丰富发展成为进化式的关系，体现了中国传统历史学家对社会发展规律的初步探索。

随着魏晋玄学的盛行，对社会规律的探索式微，公羊学派沉寂千年。清朝末年，公羊学派再度兴起，其言论主张成为改良学派批判现实弊端、"经世致用"的思想武器，代表人物有龚自珍、魏源和康有为。尤其是康有为，作为资产阶级改良派的领袖，在戊戌变法失败以后，在周游世界的过程中受西方空想社会主义和进化论的影响，于1902年著就《大同书》。在《大同书》里，康有为在传统"三世说"的基础上，将其改造成为"据乱世""升平世"与"太平世"。他在《孟子微》中写道，"孔子生据乱世，而志常在太平世，必进化至大同，乃孚素志，志不得已，亦为小康"。① 后来，康有为又在"三世说"基础上增加了社会性质改变的因素，借古喻今。康有为认为，他所处的清末封建专制乱世为"据乱世""文教未明"。社会如果想有所进步，必须进入"升平世"，即清末欧美所处的资本主义社会，在此，康有为认为"升平世""渐有文教"，符合小康社会的标准。而资本主义社会向前发展就会呈现出一个"文教齐备"的"太平世"，也就是大同世界。康有为代表的资产阶级改良派重提"小康"概念，表现了清末受欧美自由主义思潮影响的改革者对共和民主的向往和追求，为传统儒学的"小康"概念赋予了资产阶级自由的外衣，但由于缺乏正确的指导纲领和现实的奋斗基础而最终沦为空想。

二、"小康"与"大同"之辨

通过前文对传统"小康"概念的梳理可以看出，无论是在中国传统儒学的文化语境中，还是在清末乱世资产阶级改良派的主张中，"小

---

① 康有为：《孟子微》，中华书局1987年版，第239页。

康"都是与"大同"相对应存在的。在《礼记》里,"小康"是次于"大同",在"大同"之后出现的稍逊一筹、相对美好的社会形式;在《春秋公羊解诂》与《大同书》中,"小康"是通往"大同"的必经阶段。在封建社会,无论是"小康"还是更高一级的"大同",都是当时社会并未实现,却为有识之士和人民群众一直向往的美好生活。"小康"与"大同"紧密相连,两者的释义彼此依托,因此,要想真正领会传统"小康"的内涵,必须在与"大同"的联系与辨析中探求。

（一）"大同"与"小康"相异的经济基础

据《礼记》记载,孔子及其弟子认为在夏代以前存在"大同"社会。在那时,行的是天下为公的大道,其根本点在于财产的公有。如"货,恶其弃于地也,不必藏于己",意思是说财产不为私人占有,是需要人人爱护的公物。同时,"力,恶其不出于身也,不必为己",劳动不为个人谋利,而是对公共利益的贡献。在这个社会里,大家共同劳动、共同分配、共同消费,没有剥削。而"小康"则不同,其依赖的社会经济基础是财产私有制。在"天下为公"的大道隐没之后,"天下为家""各亲其亲""货力为己"。社会上出现了以家庭为单位的小团体,而与之相应的,财产和劳动都开始服从家庭的需要,而不再在整个社会范围内分享。从经济基础上看,"大同"是传统儒家对上古原始社会的美好憧憬,体现了那个时代人们对礼崩乐坏、军事倾轧、民不聊生的乱世的无力反抗与悲观无奈。

"小康"则更贴近当时现实的社会经济状况,主张立足于现有的经济基础,构筑能够顺应经济社会发展的、适宜的上层建筑,即能够为君臣共同遵守的"礼制"。从经济基础的角度来看,"小康"社会更符合社会治理的现实需求,具有更强的操作性与实践性,这也是为什么后世孟子、荀子始终在"小康"的层面提出治国良策,而对"大同"

悬而不谈。

（二）"大同"与"小康"相异的政治体制

经济基础决定上层建筑。所有制状况决定了政治体制。在孔子等先贤描述的大同社会里，整个天下为公众共有，不同的人享有相同的政治权利和地位，相异之处在于才能。因此，执掌社会运行的所谓公职人员由社会成员共同选举产生，其产生标准是"选贤与能"。

从"大同"到"小康"，从"天下为公"到"天下为家"，政治体制也由公变为了家。大同社会首领选举遵循集体选举和禅让制，而从夏禹开始，"大人世及以为礼"，即君主大夫等爵位在血亲关系中世代沿袭。其中"世及"中的"世"指的是父死子继，而"及"指的是"兄终弟及"。这是中国古代主要的两种身份与财产继承制度，也作为严格的"礼制"被固定下来，在中国传统封建社会发挥着重要的社会治理作用。

无论是"天下为公"，还是"天下为家"，从政治体制上看，虽有相异之处，尤其是在政治权力的传承上差别尤甚，但都缺乏成熟稳定的制度体制来保障政治权力的有序运转和平稳交接。无论是大同社会还是小康社会，想要实现理想中美好的生活，都需要倚仗领导人的优秀品质与能力。在汉唐儒学家郑玄、孔颖达等人看来，"大同"和"小康"分别对应的是"德"与"礼"，"德"代表完全自律的"圣人"如黄帝、颛顼、帝喾、尧、舜五帝，而"礼"则是自律与他律相结合的"大贤"如大禹、商汤、周文王、周武王、周成王和周公等。这样的政治体制具有重大的政治风险：一旦贤明之人变质或去世，则会导致礼崩乐坏，社会纷争与混乱遂而并起。"商汤伐桀""武王伐纣""平王东迁"等朝代的更替无不来源于此。

（三）"大同"与"小康"相异的社会生活

大同社会之所以为孔子等先贤所向往，最直接的原因是生活的平静、富足与安乐。平静、富足与安乐有着具体情境，并不能一概而论或绝对论之。并非财产的极端丰富就是美好生活，韩非子说"不患寡而患不均"，财富的两极分化带来的绝不是社会的整体幸福。在大同社会里，因为从事实到观念都没有私有化的存在，人们共享财产，互相关照，"不独亲其亲，不独子其子"。人与人之间的社会交往也因为没有利益分别和争夺而十分融洽，"讲信修睦"。自然也就不存在战争、讨伐、犯罪与骚乱。

小康社会的社会生活的关键词在于一个"小"字，比大同不足，比乱世有余。即使没有大同那样安宁祥和的理想，虽有奸谋、兵祸，却能因为得当的礼制来加以有效控制，也不失为一个相对美好的社会。

三、传统小康社会思想的启示

小康社会思想是我国传统文化中不可缺少的一个重要思想源流，从过去到现在，乃至将来，都发挥着重要的作用。从政治学的角度来看，小康是治国的顶层设计和社会制度；从民生的角度来看，小康是人民群众一直以来对美好生活的向往；从思想史的角度来看，小康是中国人对社会理想和社会规律的表达与探索。

前文辨析了传统大同社会与传统小康社会的异同，我们可以看出中国古人对传统小康社会的追求具有相对的现实性，虽然仍需努力，却并非遥不可及。和现代社会相似的是，现代社会治理依据的准绳之一是法律，而传统小康社会治理的依据是礼制。无论是现代法律，还是传统的礼，都是符合时代要求、具有鲜明时代特征的社会制度。按照传统小康社会的设想，只要人们能够如周公制礼作乐那般制作出合理的礼，并且认真执行，绝不违背，则可以约束松散贪婪的人心，维护父子君臣的纲常的稳定，保障社会的合理正常运转。可以说，传统小康社会是人类刚进入私有制时代，在对时代特征准确把握的基础上，在对社会民众愿望的诚实回应上，在对现实社会条件的客观认识上，探索出来的一个较好的、有现实性和可操作性的，以礼义为圭臬、以道德为教化、以人伦关系为指引的封建社会。传统小康社会对现代小康社会概念的萌芽、发展与丰富具有重要的启示作用。同时，通过分析传统小康社会的发展局限，也有助于我们更好地认识和实践全面建成小康社会的伟大历史使命。

（一）传统小康社会思想开启了对中国理想社会的现实探索

小康社会与大同社会始终是一对相辅相成的具有强烈思辨性的概念。无论是传统的儒家"三世说"，还是清末民初资产阶级改良过的"三世说"，都主张小康社会是通往大同社会的必经过渡阶段。大同社会具有远大的理想性，而小康社会具有现实的实践性。在传统文化的历史视野中，经过切实的努力，在一定的时间内小康社会理想是能够实现的。如果说，大同社会的浪漫与想象色彩居多，那么小康社会则体现了中国人对理想目标的现实探索与追求。

传统小康社会在理论上可行，在现实中也有较为成功的案例。据《二十四史》之一的《宋书》记载，南朝刘宋王朝的著名明君宋文帝刘义隆（407—453）继位以来，在推行与改革他父亲宋武帝刘裕的一系列治国良策的基础上，励精图治，开创了政治清明、经济富庶、边疆稳定、人民安乐、海内治平的盛世，史称"元嘉之治"。刘义隆在位30年，不仅在社会经济、国家安全和民生保障上实现了魏晋乱世割据以来最安宁祥和的社会局面，还极大地调动了那个时代人民群众的聪明才智，涌现出了谢灵运、祖冲之、裴松之、何承天等对后世思想文化发展影响深远的著名学者，还诞生了《后汉书》《三国志》和《世说新语》等不朽的宏篇巨著。由此，人们也将"元嘉之治"称为"元嘉小康"，认为这一时代基本符合先贤文献中对小康社会的描述。《宋书》中对此的评价是，"三十年间，氓庶蕃息……民有所系，吏无苟得。家给人足，即事虽难，转死沟渠，于时可免。凡百户之乡，有市之邑，谣舞蹈，触处成群，盖宋世之极盛也"。即使在多年以后，"元嘉小康"也为后世所称道，成为治世的模板，"昔汉氏东京常称建武、永平故事，自兹厥后，亦每以元嘉为言，斯固盛矣！"令人惋惜的是，"元嘉小康"仅仅延续了30年，待刘义隆去世，刘宋王朝昏君当道，不久就败落了。

传统小康社会思想开启了中国人对社会发展规律的现实探索之路，为后世一系列的革命、改革奠定了思想基础，但是，传统小康社会有着无法回避的实践弊端，社会运转对明君的依赖，理想图景超越生产力的界限，社会目标在大同与小康之间犹疑等，都被传统封建社会的历史进程一一印证。我们研究传统小康并非为了复制其理念与实践经验，而是要在其中寻找启示，克服弊端。

（二）传统小康社会思想体现了社会分阶段发展的设计思维

传统小康社会思想之所以具有现实探索性，在于它对社会发展的实现路径进行了合理的划分。"三世说"的"两步走"原则，以孙中山为代表的资产阶级革命派从民生小康到天下大同的实践构想虽然在实践中都失败了，但是他们将从小康到大同看成是一个符合社会发展规律的历史过程，对我们现在的社会主义实践的发展有着重要启迪，为中国推进全面建成小康社会的伟大目标和时代要求提供了宝贵的民族思想文化源流。

首先，传统小康社会的思想明确了社会发展必须有一个科学的、符合社会发展规律、具有实践性的目标,并在此基础上制定社会未来发展的方向、构架与模式。其次,向着确定的目标,沿着正确的道路,坚定不移地走下去。理想社会不可能一蹴而就,要在现实的道路上不断坚持前行。"不积跬步,无以至千里",坚持和接续的力量是巨大的。正如习近平总书记在党的十九大报告中说的那样:"行百里者半九十。中华民族伟大复兴,绝不是轻轻松松、敲锣打鼓就能实现的。全党必须准备付出更为艰巨、更为艰苦的努力。"[1]正确的目标是一个好的开头,坚定的意志和坚强的行动才是实现目标的可靠保证。

中国传统社会中不乏各种革故鼎新的尝试,却都陷入"据乱世"的怪圈。连绵不绝的农民起义不过是对封建社会改朝换代般的复制,轰轰烈烈的太平天国运动也只是以另起炉灶的方式向着所谓"天国"天马行空地"穿越",即使是后期似乎最具有开放头脑的清末资产阶级改良派、革命派,他们的斗争也无非建立在对资本主义社会不切实际幻想的基础之上,均缺乏科学可行的奋斗目标,无法真正做到对时代特征的把握,对历史规律的遵循。从另一方面说,没有科学的奋斗目标,也就难以找寻受到大众广泛支持的、具有现实性的实现途径。太平天国期望以"等贵贱、均贫富"等斗争主张,辅之以教义信仰的外衣来实现上古"天下为公"的大同社会,显然超越了内忧外患的清朝末年社会生产力的容纳空间。在小农经济的生产力发展水平基础上实现大同只是一个美丽的泡影,找不到任何现实的路径。近代资产阶级改良派试图融汇古今中外,以天赋人权、个性解放等资产阶级话语包裹大同社会的意蕴,可无论是谭嗣同所谓"人人自由"的"大同之象",还是康有为"破除九界"的"太平世",都无法在当时的社会条件下

---

[1] 习近平:《决胜全面建成小康社会 夺取新时代中国特色社会主义伟大胜利》,《人民日报》2017年10月28日。

实现。资产阶级革命派的命运也并没有不同。孙中山希望通过寻找到一条借鉴欧美资产阶级革命和苏俄社会主义革命，但又有别于它们的，适合中国发展的改造之路。他力图在政治革命与社会革命的洪流中"毕其功于一役"，从而达到实行三民主义，实现"天下为公"的社会目标。资产阶级革命派局限于自身的阶级利益和政治立场，缺乏广泛的群众基础，无法动员其最具有革命精神的奋斗者们，最终沦为空想，无法实现中国由传统到现代的飞跃。三民主义可以被看作近代中国资产阶级最具有革命性的思想潮流，新民主主义革命思想对之有着历史的呼应与衔接，也有着批判与超越。

与以往任何革命力量都不同，中国共产党发挥无法比拟的把握时代潮流和发展方向的本质力量，以前所未有的革命勇气与革命意志，依靠广泛的群众基础，以不屈不挠、持恒坚守的奋斗精神，带着对实现共产主义社会这一最高社会目标的初心，脚踏实地沿着中国革命建设最切实有效的实践路径前行，最终改变了旧中国的社会性质，使人民摆脱了被侵略、被奴役的悲惨命运，带领人民在新社会里奔小康、谋幸福。

改革开放以来，邓小平同志在探索现代中国社会主义社会发展问题时，也遵循确定目标、分步进行的思路与步骤，以马克思主义唯物史观的坚定立场，以历史与逻辑相统一的方法论，紧密结合"国情""世情"与中国优秀传统文化的精髓，对传统小康社会思想进行了改进与创新，赋予了其全新的时代内涵与现实精神，为中国人的理想社会途径铺设了坚实的物质基础、思想武装和现实途径。

传统小康社会思想蕴含着深刻的社会发展方法论，启示我们制定社会目标要符合实际，实现目标要脚踏实地，二者缺一不可。这一启示在中国社会主义建设的社会目标制定与实现中持续发挥着重要作用。

（三）传统小康社会思想体现了对民生的深切关怀

前文讲过，"小康"和"大同"相比，特点在于"小"，意为适度，目标可实现，措施可执行。从小康本身的语意来看，精髓则在于"康"字。按照《说文解字》的解释，康字的广字头代表的是房屋，而康自身又通假为"糠"的简写，指的是谷皮，从禾从米，象征着稻米饭食。可见"康"字本身就包含衣食住行中的"食"与"住"，与民生息息相关。而在《尔雅》中则进一步赋予了"康"以乐的含义，引申为安宁与通达之意。按照古代典籍的说法，路分为四达、五达和六达。四达之路称作衢，五达之路称作康，六达之路称作庄。这就是我们经常说的康庄之衢和康庄大道的历史源流。通过对"康"字的训诂我们不难看出，以小康来描述社会理想天然地带有对民生的深切关怀，有房住、有饭吃，安宁祥和，路路通达，便是安居乐业的小康所归。

一个社会能不能够正常有序、生机蓬勃地发展下去，关键要看能不能得到人民的拥戴与支持。"得道多助，失道寡助"，其中的"道"包含了"民生"这层重要含义。一个政权，目标定得再高尚，方法制定得再严密，如果没有真正赢得民心，为了人民去建设，依靠人民去建设，那么一切口号与实践都是空中楼阁，毫无根基。"水能载舟，亦能覆舟"，舟水相处的秘诀在于是否考虑到了人民的生活与需求。传统小康社会在社会图景的设置中将人民的感受与人民的满足放在了重要的位置，对我国全面建成小康社会有着重要的启发和借鉴意义。

传统儒家的小康思想之所以能够流传至今，其生命力在于以人为本、予民富裕的思想深入民心。《礼记》强调以宽仁待民，"刑仁讲让，示民有常"；孟子以"七十者衣帛食肉，黎民不饥不寒"为善治的衡量标准之一；太平天国以"无处不均匀，无处不饱暖"为治国纲要；资产阶级改良派对改良目标的追求之一是"去苦求乐"；孙中山将民生作为治国宗旨之一,"民生就是人民的生活,民生主义就是做全国大生利的事,要中国像英国、美国一样的富足;所得富足的利益,不归少数人,有穷人、富人的大分别,要归多数人,大家都可以平均受益。"[1]

改革开放以来,由建设总体小康社会到全面建设小康社会,再到全面建成小康社会,"小康"始终是最核心的关键词,民生始终是党和国家的牵挂。以经济建设为中心,解放和发展生产力,实现共同富裕,就是为全体人民谋幸福、谋利益这一根本宗旨的本质要求,体现了对传统小康社会民生为要思想的继承、发展与创新。

第二节 现代小康社会思想的奠基

从远古时代以来,中国老百姓一直孜孜以求地期盼幸福生活,生生不息地探索治国良策。不同时代的思想家、革命家对小康社会的设想与探索、思考与探寻,不断积淀与丰富着小康社会的思想内涵与精神实质,成为我们国家建设现代小康社会宝贵的思想财富。当中国传统小康社会的理想图景与马克思主义科学的理论体系相结合,民富国强的梦想开始照进现实,让理论上的小康转化为现实的小康,让传统的小康社会思想冲破封建主义、资本主义的藩篱,迈向社会主义现代化的新时代,转化为现代小康社会思想。

1979年12月6日,邓小平会见日本首相大平正芳时首次用"小康之家"的概念来诠释中国式的现代化在20世纪的目标。至此,现代小康社会思想正式登上历史舞台,成为现代中国社会发展的一个重要概念与发展目标。中国共产党提出的现代小康社会思想与中国传统小康社会思想有着切割不断的血脉关系与承继事实,却又全面超越了传统

---

[1]《孙中山选集》,人民出版社1981年版,第895页。

小康社会思想的历史局限性，消除了空想的成分。这一方面是因为中国共产党"除了国家、民族、人民的利益，没有任何自己的特殊利益。不谋私利才能谋根本、谋大利"，①赢得最广泛的群众支持。另一方面，现代小康社会思想以马克思主义科学理论为根本指导，为社会发展方向提供了坚强的理论保障与智力支持。

一、马克思恩格斯的未来社会理论为现代小康社会思想奠定理论基础

马克思恩格斯对未来社会的发展过程与趋势有着清晰的阐释。在他们看来，共产主义经济也是一个历史的发展过程，有萌芽、发展与成熟，因此应该区分为第一阶段和高级阶段。第一阶段的特征是"刚刚从资本主义社会中产生出来的，因此它在各方面，在经济、道德和精神方面都还带着它脱胎出来的那个旧社会的痕迹。"②随着生产力的不断发展，社会物质财富的极大丰富、人民素质的全面提高与精神面貌的全面提升，共产主义必将从第一阶段过渡到高级阶段。在马克思恩格斯的科学构想中，消除阶级对立与剥削是未来理想社会的本质规定，"代替那存在着阶级和阶级对立的资产阶级旧社会的，将是这样一个联合体，在那里，每个人的自由发展是一切人的自由发展的条件。"③在物质富足的情况下，人的智力与身体都能得到自由发展与合理运动。

马克思恩格斯的未来社会理论和中国传统文化中对社会发展的阶段论有思想上相通的地方，都主张遵循有步骤按目标地进行。然而马克思恩格斯与中国传统小康理论的根本差别在于如何对待社会生产力

---

① 《习近平在省部级主要领导干部学习贯彻十八届六中全会精神专题研讨班开班式上发表重要讲话强调 以解决突出问题为突破口和主抓手 推动党的十八届六中全会精神落到实处》，《人民日报》2017年2月14日。
② 《马克思恩格斯选集》第3卷，人民出版社2012年版，第363页。
③ 《马克思恩格斯选集》第3卷，人民出版社2012年版，第422页。

与生产关系、社会制度与阶级关系的变革。以马克思主义为根本指导的小康社会建设与中国传统社会以封建儒家思想或者资产阶级改良、革命思想为指导的小康社会建设在中国历史上的不同结局，充分说明了指导思想正确与否的重要性。当中国革命建设开始以马克思主义科学的世界观与方法论为指导时，就走向了一条迈向现代小康社会的康庄之衢。

二、列宁关于过渡时期理论为现代小康社会思想提供经验总结

俄国十月革命是人类社会发展史上浓墨重彩的篇章，拉开了社会主义由梦想走向现实的历史序幕。那是一个极度辉煌的时代，也是一个极度危险的时代。旧制度虽被革除，然反动势力虎视眈眈，伺机而动；新制度亟待建立，百废待兴，对理论的需求迫不及待。列宁及其领导的布尔什维克党面临的首要任务是如何将马克思关于未来社会需要分阶段发展的理论精髓运用到俄国社会主义革命和建设的实践之中，从而实现经济、政治、文化相对落后的资本主义国家向社会主义国家的顺利过渡。列宁的探索也是曲折的。他最初的设想是通过实施"战时共产主义政策"，在生产关系上实行工业和商业的国有化，在社会分配上实行余粮征集制、劳动义务制和平均主义，试图通过这些"直接过渡"的方式迅速建成社会主义。很快，实践证明该设想超越了当时的社会生产力，违背了社会发展规律，不能达到预想的效果。"欲速则不达"，经过反思，列宁深刻地认识到，"为了作好向共产主义过渡的准备，需要经过国家资本主义和社会主义这些过渡阶段。不能直接凭热情，而要借助于伟大革命所产生的热情，靠个人利益，靠同个人利益的结合，靠经济核算，在这个小农国家里先建立起牢固的桥梁，通过国家资本主义走向社会主义。"①

通过研究俄国社会主义革命与建设的实践和回顾列宁对社会发展的反思，我们可以看出，生产力落后的国家不能直接向社会主义、共产主义过渡，而是要经过一个长期建设的过程。在这个长期的过程里，要依据生产力的发展和社会关系的状况划分为若干阶段，如"初级形式的社会主义"和"完全的社会主义"等，科学地确立各个阶段不同的奋斗目标与工作方法，方能顺利推进社会主义建设与发展。

列宁通过对俄国的社会主义革命与建设经验教训的总结与反思，发展和丰富了马克思恩格斯对未来社会的设想，将之进一步细化，提出社会主义本身也是可以划分为不同的发展阶段，并依据社会发展状况制定符合实际的经济、政治、社会、文化等科学路线政策。可以说，列宁对社会主义过渡阶段的思考为我国全面建成小康社会的现实进程提供了重要的理论指引与宝贵的实践经验。

三、毛泽东现代化理论是现代小康社会思想在中国的萌芽

新民主主义革命胜利之后，新中国成立，面临着一系列社会发展难题，多年的战乱使得中国社会经济状况与生产生活环境满目疮痍，如何尽快让国家在战后复苏，为后续的社会主义建设积蓄力量，成为那个时候社会建设的头等大事。从1949年年底到1952年年底，经过3年多的调整与恢复，原本破坏严重的国民经济得以全面恢复与初步发展：农业上，"粮食总产量从1949年的11318.4万吨，增加到1952年的16393.1万吨，增长44.9%"②；工业上，整体布局建设成熟，轻重

---

① 《列宁选集》第4卷，人民出版社1995年版，第570页。
② 《中国共产党的九十年》（社会主义革命和建设时期），中共党史出版社、党建读物出版社2016年版，第411页。

第一章
全面建成小康社会的概念演进与历史进程

工业合理兼顾，1952年年底主要工业产品产量均超过历史最高记载①；交通运输业上，国家投入巨大，发展迅速，地势险要、施工难度大的成渝铁路仅用两年就建成通车，通向"世界屋脊"的康藏公路的修建震惊世界。

在中国共产党的正确领导下，在人民群众奋发向上的建设中，新中国迅速恢复国民经济并实现初步发展，为"一五计划"的制定与实施提供了较为充足的物质基础。1956年社会主义"三大改造"完成，调整了落后的生产关系，初步实现了生产资料私有制向社会主义公有制的转化，为中国经济发展提供了坚实的保证与充沛的动力，开启了中国共产党对适合中国国情的社会主义建设道路的艰辛探索。

虽然现代小康社会的概念在改革开放之前并未提出，但是在新中国对社会主义社会发展的早期探索中早已蕴含了现代小康社会的雏形。毛泽东的现代化理论，可以被看作现代小康社会思想的萌芽。在《论人民民主专政》一文中，毛泽东对中国古人向往的大同社会有着数次描述，并认为实现大同社会的根本路径是，"经过人民共和国到达社会主义和共产主义，到达阶级的灭亡和世界的大同。"②为了达成这样一个远大的目标，以毛泽东同志为核心的中央领导集体在马克思主义的科学指导下，把握住世界建设现代化的历史潮流与总体趋势，经过深入的思索，于1953年年初初步酝酿了实现四个现代化的伟大构想。1954年，周恩来将"四个现代化"描述为工业、农业、交通运输业与国防四个方面的现代化。对此，毛泽东认为交通运输不足以与其他三项并列而行，结合对苏联编写的《政治经济学教科书》的研读与思考，对最初的"四个现代化"的内涵进行了科学的调整，提出"建设社会主义，

---
① 《中国统计年鉴（1984）》，中国统计出版社1984年版，第249页。
② 《毛泽东选集》第4卷，人民出版社1991年版，第1471页。

原来要求是工业现代化、农业现代化、科学文化现代化，现在还要加上国防现代化。"①随后，在周恩来的建议下，将"科学文化现代化"改成"科学技术现代化"，表述更加规范科学，更加体现科学技术对生产力变革的本质力量。同时，必须强调的是，"四个现代化"之间的关系是紧密联系、相辅相成、彼此促进的，因此，"我们的四个现代化，要同时并进，相互促进，不能等工业现代化以后再来进行农业现代化、国防现代化和科学技术现代化。"②"四个现代化"整体推进的思路与新时代"四个全面"战略布局的整体性推进有着一脉相承的精神气质与思想灵魂。

不仅如此，毛泽东对社会主义社会的发展路径也有着深刻的思考，他修改了之前"超英赶美"的时间表与战略图，认为要建成社会主义强国需要长期的坚持与建设。1962年1月30日，毛泽东在扩大的中央工作会议上作了重要讲话，指出："中国的人口多、底子薄、经济落后，要使生产力很大地发展起来，要赶上和超过世界最先进的资本主义国家，没有一百多年的时间，我看是不行的。"③对这一百多年奋斗的时间采取"两步走"的战略。1964年12月，周恩来在第三届全国人大一次会议的《政府工作报告》中对"两步走"战略进行了完整准确的阐述，"从第三个五年计划开始，我国的国民经济发展，可以按两步来考虑：第一步，建立一个独立的比较完整的工业体系和国民经济体系；第二步，全面实现农业、工业、国防和科学技术的现代化，使我国经济走在世界的前列"。④

以毛泽东为核心的中央领导集体提出的"四个现代化"为中国社

---

① 《毛泽东文集》第8卷，人民出版社1999年版，第116页。
② 《周恩来经济文选》，中央文献出版社1993年版，第504页。
③ 《毛泽东文集》第8卷，人民出版社1999年版，第302页。
④ 《周恩来经济文选》，中央文献出版社1993年版，第563页。

会发展制定了科学的目标与任务,"两步走"发展战略是对马克思恩格斯未来社会理论和列宁关于社会主义过渡时期理论的继承与创新。在社会主义革命与建设时期对社会发展规律的探索与实践,为改革开放之后现代小康社会的理论与实践积累了宝贵的思想资源和经验借鉴。

第三节 邓小平赋予小康社会"中国式的现代化"新内涵

现代小康概念源于邓小平对马克思主义中国化的创新性发展。1976年,中国步入社会主义建设新时期,全国上下对国民经济的复苏和社会秩序的恢复充满期待。1977年7月召开的党的十届三中全会恢复了邓小平党内外一切职务,邓小平主动提出分管教育和科技工作。在教育科学领域,邓小平号召全国人民尊重脑力劳动,尊重人才。在1978年3月的全国科学大会上,邓小平重申了"科学技术是生产力"这一马克思主义基本观点。思想观念的转变,工作政策上的扭转,扫去了笼罩在人们心中忧郁的阴霾,神州大地吹起了热爱学习、崇尚技术、尊重人才的春风,人们心头充满干劲,时刻想着把失去的时间补回来。在积极向上的社会氛围之中,党的工作重心转移到经济建设上,社会运转渐入正轨。邓小平开始认真思考国家现代化的发展蓝图,在正确认识和研究党情、国情、世情的基础上,他对以毛泽东同志为核心的第一代中央领导集体提出的四个现代化的发展战略进行了重新定位,探索中国社会发展的出路。在邓小平看来,中国要想发展,必须打开国门,改革开放,融入世界市场,要认清世界其他国家现代化的进程与中国之间的差距,"看看人家的现代工业发展到什么水平了,也看看他们的经济工作是怎么管的。"[1]在真切感受世界现代化水平之后,邓

---

[1]《邓小平年谱》(1975—1997)(上),中央文献出版社2004年版,第305页。

小平深刻地反思道,"我们头脑里开始想的同我们在摸索中遇到的实际情况有差距。"[①]他认识到在我国这样一个人口众多、贫穷落后、底子稀薄的社会主义国家里搞现代化建设,不能盲目制定过高目标,不能强求我国在20世纪末达到日本、欧洲和美国,甚至第三世界中一些较发达国家的现代化水平。必须根据实际情况,探索适合中国社会生产力水平的发展道路,即"中国式的现代化"的小康社会。邓小平将"中国式的现代化"的小康社会思想,看作中国现代化发展进程的重要阶段性目标。这一重要思想在马克思主义中国化的进程中、在中国改革开放的社会主义建设中、在建设新时代中国特色社会主义的伟大事业中不断继承发展与创新,对现代中国社会发展具有重大的指导意义。

一、邓小平关于小康社会的构想

邓小平建设现代小康社会的构想也不是一蹴而就、一成不变的,按照思想历程可以划分为三个主要阶段:党的十二大以前是第一阶段,党的十二大到十三大是第二阶段,党的十三大以后是第三阶段。每一阶段思想的发展与创新,都体现了我们党与时俱进、革故鼎新的理论品格,联系实际、实事求是的实践精神和不畏艰辛、不懈努力的革命勇气。

(一)党的十二大以前,邓小平小康社会思想初步形成

如前文所述,小康社会思想在邓小平理论体系中的萌发与形成并不是偶然,既是他对中国优秀传统文化中小康社会理想的继承,也是对马克思主义社会发展理论的发展,更加入了他对当时时代条件下中国发展路径的深刻思索。20世纪70年代末至80年代初,邓小平在思考"中国式现代化"的基础上融入了小康的社会概念。从文化内涵上看,小康社会的概念具有深厚的历史底蕴和人民的美好期盼。在语言

[①]《邓小平年谱》(1975—1997)(上),中央文献出版社2004年版,第631页。

第一章
全面建成小康社会的概念演进与历史进程

表达上,小康社会语意丰富,言简意赅,喜闻乐见。1979年3月21日,邓小平在会见英中文化协会执行委员会代表团时,与团长马尔科姆·麦克唐纳深入交流了中国现代化的发展目标是"中国式的四个现代化"。他明确指出,这"中国式的四个现代化"的奋斗目标不是盲目攀高,而是根据实际情况不断调整,初步目标是在20世纪末达到西方70年代的水平。①1979年3月23日,邓小平在中央政治局会议上将"中国式的四个现代化"进一步简化表述为"中国式的现代化"②。1979年12月,日本首相大平正芳来访。大平正芳不仅是身居要职的政府高官,也是日本著名的经济发展战略问题专家。在会谈过程中,大平正芳首相非常关心中国改革开放之后的社会发展,询问道:"中国根据自己独自的立场提出了宏伟的现代化规划,要把中国建设成为伟大的社会主义国家。中国将来机会是什么样?整个现代化的蓝图是如何构思的?"③对这两个问题,邓小平在认真深刻地思考后提出了继"中国式的现代化"之后另一个影响中国社会发展方向的重要命题——"小康"。他说,"我们要实现的现代化,是中国式的四个现代化。我们的现代化概念,不是像你们那样的现代化的概念,而是'小康之家'。"④ 在此,邓小平首次用"小康"概念来描述未来20多年中国社会发展的蓝图,也是首次用"小康"的状态来形容"中国式的现代化"。可以说邓小平赋予了传统"小康"以"中国式的现代化"的全新内涵,使之焕发了勃勃生机,成为一个兼具历史性与现代化、现实性与时代性、不断与时俱进的鲜活概念。

自此,"小康"成为邓小平理论重要的组成部分。在《邓小平文选》

---

① 《邓小平年谱》(1975—1997)(上),中央文献出版社2004年版,第496页。
② 《邓小平年谱》(1975—1997)(上),中央文献出版社2004年版,第497页。
③ 曹普:《邓小平首次提出"奔小康"的缘由》,《党的建设》2009年第2期。
④ 《邓小平文选》第2卷,人民出版社1994年版,第237页。

第2卷和第3卷中，提到"小康"的地方多达40余处，分布在28篇文献之中，有的表述为"小康之家"，有的表述为"小康水平"，有的表述为"小康的国家"或者"小康的社会"。在这一时期，邓小平对"小康"概念的运用多是更加简洁地阐释"中国式的现代化"的内涵与目标，以一种更加具有历史意涵与群众基础的概念向中国与世界传达我们党最新的发展理念。

（二）党的十二大至十三大之间，邓小平小康社会思想逐步成熟

"小康"概念一经提出，在国内外都引起了强烈反响，很快便凝聚成了全党全社会的共识，在1982年的党的十二大报告里，全国工农业的总产值翻两番，人民的物质文化生活达到小康水平被正式作为20世纪末的战略目标确定了下来。在1984年3月同日本首相曾根康弘的会谈中，邓小平第一次明确提出"小康社会"的概念，并对之进行了具体的阐释，即"翻两番，国民生产总值人均达到八百美元，就是到本世纪末在中国建立一个小康社会。这个小康社会叫作中国式的现代化。"[①]至此，小康社会的概念有了明确的内涵与目标，影响着中国未来几十年的发展进程。

为了便于民众进一步理解与领会小康社会的内涵，1986年6月18日，邓小平在接见荣氏亲属回国观光团时做了著名的《争取整个中华民族的大团结》的讲话。在这个重要讲话中他展望了中国社会发展的希望前景，就是要在2000年建立一个小康社会。这是党和国家实事求是制定的符合中国社会发展状况的合理规划，并不是超越时代的空想与幻想。邓小平在讲话中明确指出："所谓小康社会，就是虽不富裕，但日子好过。我们是社会主义国家，国民收入分配要使所有的人都得益，没有太富的人，也没有太穷的人，所以日子普遍好过。"[②]可以看出，

[①]《邓小平文选》第3卷，人民出版社1993年版，第54页。
[②]《邓小平文选》第3卷，人民出版社1993年版，第161-162页。

第一章 全面建成小康社会的概念演进与历史进程

以邓小平为代表的中央领导集体提出的"小康社会"是一个多层次的立体概念,不仅包括社会物质财富上的发展与丰富,也包括产品分配形式的社会主义性质,体现了实现共同富裕的社会主义本质要求。

1987年,邓小平就中国社会发展做出了"三步走"的战略规划,即"第一步在八十年代翻一番……第二步是到本世纪末,再翻一番,人均达到一千美元……第三步……达到中等发达的水平。"①党的十三大以"沿着有中国特色的社会主义道路前进"为主题,以改革为主线,以文件的形式确认了中国现代化发展"三步走"的战略部署,这也是对毛泽东"两步走"战略设想在新的历史条件下的科学调整与具化。"三步走"的战略部署将第一步的目标定位为解决人民温饱问题,第二步定位为使人民生活达到小康水平,第三步定位为基本实现现代化。可以说,"三步走"战略一方面如实地反映了我国在当时阶段的发展状况、发展潜力与发展前景,另一方面贯彻实践了小康社会发展的基本蓝图。

(三)党的十三大以后,邓小平小康社会思想进一步发展完善

在党的十三大以前的小康社会概念内涵中,社会经济发展与社会物质财富积累占的比重较大,对社会主义国家性质也着重强调,但对社会主义精神文明和社会民生福利等强调较少。在1990年党和国家制定的国民经济和社会发展规划中将精神生活与物质生活并举,将人民的消费需求与社会福利待遇放在同样重要的位置,体现了以邓小平为代表的中央领导集体对小康社会认识的全面发展。

在小康社会概念提出来以前,我国沿用国际惯例,用"人均国民生产总值"来衡量国家或者地区的生产力发展水平与人民生活水平。这一衡量标准的优点是数据清晰、一目了然、便于比较,缺点是过于抽象,较难为人民群众理解、领会与掌握。中国共产党从中国最广大

---

① 《邓小平文选》第3卷,人民出版社1993年版,第226页。

的人民根本利益出发，站在人民主体地位的根本立场，结合中国古代与现代文化的发展与交融，用小康社会的丰富内涵包罗生产力数据与人民感受，兼顾准确性与亲民性，保障科学性与文化性。

1987年10月13日，匈牙利社会主义工人党总书记卡达尔来访中国，邓小平在与他的会见中说，"经过将近九年的努力，百分之九十的农村人口解决了温饱问题，全国人均国民生产总值提前两年完成了原定十年内翻一番的任务。"① 根据当时国家数据统计，"三步走"战略中第一步基本解决温饱问题已经提前完成，中国社会分阶段发展首战告捷，成果喜人，前景宽阔。实现小康社会是当时国家集中发力的重中之重，如何让人民生活达到小康水平是党和国家的总体战略。1992年，邓小平南方谈话针对当时人们思想中普遍存在的理论困惑与思想疑虑进行了透彻的澄清，进一步明确了深化改革、加速发展的重要性、必要性与紧迫性，拓宽了中国社会发展与建设的总体格局，也为建设什么样的小康社会、如何建设小康社会指明了方向。党的十四大报告再次肯定"三步走"的发展战略并提出通过建立社会主义市场经济体制来加速推进中国小康社会的发展与现代化进程。

全国各族人民在党中央的正确科学领导下，艰苦奋斗、顽强拼搏，使我国的改革开放与社会主义现代化建设取得了举世瞩目的伟大成就：2000年中国完成国民生产总值翻两番的发展任务，胜利实现了第二步战略目标，人民生活达到了总体小康水平，实现了从温饱到小康社会的历史性跨越。"神女应无恙，当惊世界殊"。快速发展的中国以改革创新为生命，以无畏前进为勇气，以包容开放的胸怀，以对美好生活的不断向往，实现了世界都为之惊叹的发展壮举，这是社会主义制度的伟大胜利，充分验证了邓小平关于小康社会的设想与规划、"三

---

① 《邓小平文选》第3卷，人民出版社1993年版，第256页。

步走"战略具有充分的科学预见性与可行性。

小康社会概念始于邓小平"在本世纪末实现四个现代化这一雄心壮志的现实思考,脱胎于中国式现代化这个新目标"①,在中国的社会主义实践中发挥着重要的理论指导作用。

二、邓小平领导小康社会的实践探索

为了更好地开展建设小康社会的伟大实践,1991年,《中华人民共和国国民经济和社会发展十年规划和第八个五年计划纲要》中对小康社会做出总体判断,"人民生活从温饱达到小康,生活资料更加丰裕,消费结构趋于合理,居住条件明显改善,文化生活进一步丰富,健康水平继续提高,社会服务设施不断完善"。②在总体判断的基础上,针对地区与生产领域发展不平衡不充分的事实,国家又制定了三套具体标准,即《全国人民小康生活水平的基本标准》《全国城镇小康生活水平的基本标准》和《全国农村小康生活水平的基本标准》,从而有利于衡量和预测建设中国小康社会实践的完成情况。

国家制定的这三套标准内容丰富、覆盖全面、标准客观,包含了社会经济发展水平、人民物质生活收入在居住、营养、交通等结构方面的表现、人口的文化与健康素质、人民精神生活与生活环境等具体指标,可以说基本涵盖了一个总体小康社会发展的方方面面,是一个较为科学成熟的指标体系与目标体系。这套衡量标准与测量方法也十分细致,在物质层面具体到每天人均蛋白质的摄入量,在精神文化层面具体到成人识字率与电视机的普及率等,相当"接地气""通人情""暖人心"。

根据"三步走"的战略部署和明确清晰的指标与目标体系,中国

---

① 李君如:《小康中国》,浙江人民出版社2003年版,第9页。
② 《中华人民共和国国民经济和社会发展十年规划和第八个五年计划纲要》,《中华人民共和国国务院公报》1991年第12期。

社会建设的发展脚步足音铿锵、行稳致远。改革开放对社会生产关系的调整极大解放了中国社会积蓄已久的生产力能量，极大调动了朝气蓬勃、昂扬向上的中国人民的积极性与主动性。在1984年至1988年间，掀起了改革开放后中国社会加速发展的第一个高潮。据统计，除去1986年经济增速在8.5%，其他年份的经济增速都超过了10%，国民生产总值从1984年的7206.7亿元一跃攀升到1988年的14922.3亿元，提前实现了原定1990年国民生产总值翻一番的发展目标。依据三套标准体系衡量，全国绝大多数地区基本实现了温饱，开始向小康水平逐步过渡。其余较为贫困地区的人民生活水平也有较大改善。按照既定标准衡量，"三步走"的第一步顺利完成。

社会发展目标第一步的顺利实现为中国社会现代化进程迅速进入下一阶段奠定了坚实的基础，中国社会开始向20世纪末"翻两番"的小康目标挺进。这一目标可行性的确认，并不是邓小平凭空臆断出来的，而是在科学理论的指导下，结合经济发展的实际情况进行的科学预测。早在1983年2月，邓小平在江苏、浙江等经济底子较厚、发展速度较快的先发地区进行考察，了解到江苏省从1977年到1982年，用了6年时间完成了全省工农业总产值翻一番。按照增速统计，可以预判出不到20年，江苏省就能实现翻两番。而江苏省中经济活力旺盛的苏州，在1982年年底已经实现了人均国民生产总值达1300多元人民币，按照当时的外汇比价，接近人均国民生产总值800美元。按这个速度推算，不到15年时间，苏州就能够实现翻两番的目标。看到这样喜人的发展成果，邓小平提出要江苏、浙江这样较为发达地区更快一些发展，多翻一点，拉一拉青海、甘肃、宁夏这些基础较为薄弱、地理位置较为偏远的地区，以保证20世纪末国家整体翻两番的发展目标。也正是在对小康社会的发展思考中，邓小平逐步完善"共同富裕"是社会主的本质这一重要思想。

国民生产总值是经济发展的重要指标，但不是小康社会的全部指标。当经济发展到"翻两番"，人均国民生产总值达到800美元至1000美元时，社会的整体风貌到底是什么样的？对此，邓小平并没有停止思考，而是从更加深层的领域进行了探讨。在江苏、浙江考察结束之后，邓小平认为江苏、浙江已经初步具备小康社会的雏形，因此，他从实践中总结了小康社会应该有的六点变化："第一，人民的吃穿用问题解决了，基本生活有了保障；第二，住房问题解决了，人均达到二十平方米，因为土地不足，向空中发展，小城镇和农村盖二三层楼房的已经不少；第三，就业问题解决了，城镇基本上没有待业劳动者了；第四，人不再外流了，农村的人总想往大城市跑的情况已经改变；第五，中小学教育普及了，教育、文化、体育和其他公共福利事业有能力自己安排了；第六，人们的精神面貌变化了，犯罪行为大大减少。"[①]这六点改变涉及经济、政治、民生、文教与社会等各方面，较为全面立体地呈现了小康社会的整体样貌和精神气质，也可以看作小康社会最初的六条标准，为1991年三套标准体系的出台提供了实践依据。

1984年，邓小平将前述的六点改变提炼为小康社会的六条标准，并在中央顾问委员会第三次全体会议上的讲话中对其进行了理论与实践意义上的总结。邓小平指出，国民生产总值翻两番，达到小康社会水平对衡量国力的意义十分重大。当年国民生产总值达到1万亿美元，经济总量就能够居于世界前列，而"这一万亿美元，反映到人民生活上，我们就叫小康水平；反映到国力上，就是较强的国家。"[②]而谈及小康社会的六条标准对社会治理、民生福利与文化素质等方面的影响时，

[①]《邓小平文选》第3卷，人民出版社1993年版，第24—25页。
[②]《邓小平文选》第3卷，人民出版社1993年版，第88页。

邓小平给予了积极正面的评价，他说，"这几条就了不起呀！现在还要不断地打击刑事犯罪分子，真正到了那个时候，人的精神面貌就不同了。物质是基础，人民的物质生活好起来，文化水平提高了，精神面貌会有大变化"①，就能真正实现人民安居乐业，社会安定团结，国家繁荣昌盛，国际影响力大增。邓小平将他认为的第二步小康社会的实现看作"总体小康"，而总体小康之后就应该继续向第三步进发。"艰难困苦，玉汝于成"，每一步都是一次质变的飞跃，需要经过披荆斩棘的磨砺与毫不懈怠的坚持。邓小平深刻地认识到了这一点，他提醒全党全国人民，"第三步比前两步要困难得多"，"相信我们现在的娃娃会完成这个任务"②。

建设小康社会，实现中国式的现代化，是中国共产党睿智的理论家们、实践家们为中国人民指明的通往幸福未来的康庄之衢，但同时又是一条布满荆棘的漫漫征程，需要中国人民一代一代接续努力，不懈奋斗，不惧艰险，坚守初心，忍受寂寞，如琢如磨。中国人民以奋发向上的实践斗志，不畏失败的创新精神，在邓小平开启的建设现代小康社会，实现总体小康水平的社会构想与实践的基础上，不断朝着全面建设小康社会与全面建成小康社会的方向奋进。奋斗是艰苦的，奋斗是漫长的，但奋斗与时间在艰难的"蝶变"中给予了人类文明最丰硕的果实。正如习近平总书记2019年3月23日在罗马会见意大利总理孔特时指出的，"我们对于时间的理解，不是以十年、百年为计，而是以百年、千年为计"。③历史是漫长的，每一个人只是沧海一粟；但时间也是公平的，每一个人、每一代人付出的努力与奋斗都会被铭记，并终将在时间的沉淀中酿出最甘甜的美酒。

---

① 《邓小平文选》第3卷，人民出版社1993年版，第88页。
② 《邓小平文选》第3卷，人民出版社1993年版，第226—227页。
③ 《"我们对于时间的理解"》，《人民日报》2019年3月26日。

三、邓小平小康社会思想的时代价值

在邓小平建设现代小康社会的理论体系与实践探索中，小康社会并非单纯追求的国内生产总值 GDP 在数据上的增长，而是追求囊括经济发展、政治民主、科教先进、文化繁荣、民生幸福和社会和谐在内的综合提高，尤其强调小康社会给人们精神面貌、价值观引领带来的提升。同时，小康社会的建设也体现了马克思主义物质第一性、精神第二性的基本原理。古语说"仓廪实而知礼节，衣食足则知荣辱"，富民惠民才能强民。

同时，小康社会也是一个逐步提升中国综合国力和国际影响力的重要发展阶段。正如邓小平所说，小康社会在民生上首先直接表现为人民群众生活比较好，比较幸福；其次，在国力表征上看，体现了强国的实力。一直以来，和平与发展是时代的主题，在局部争端与冲突不断的今天，中国作为负责任的大国和最大的发展中国家，一直坚定不移地履行着维护世界和平与秩序、守护公平正义的职责与义务。中国之所以现在有这样的底气与能力，离不开多年来建设小康社会的辛勤耕耘与不懈奋斗。邓小平早在 1985 年就做出了科学判断，他在 3 月会见日本商工会议所访华团时说道："如果说中国是一个和平力量、制约战争的力量的话，现在这个力量还小。等到中国发展起来了，制约战争的和平力量将会大大增强。我可以大胆地说，到本世纪末，中国能达到国民生产总值翻两番的目标，也就是我曾经跟大平正芳先生讲的达到小康水平，那时中国对于世界和平和国际局势的稳定肯定会起比较显著的作用。"[①]

[①] 《邓小平文选》第3卷，人民出版社1993年版，第105页。

（一）邓小平小康社会思想赋予"中国式的现代化"以丰富内涵

现代化是世界各个国家实现社会发展进步、人民安康幸福、国力强盛的必由之路，每个国家的现代化发展必须因地制宜、因时制宜，符合本国国情、发展阶段与时代要求，不能盲目模仿和追随他国现有经验，而是应该在广泛交流、学习、对照的基础上发掘适合本国国情、适合本国民众理解与实践、适合本国社会发展需要的现代化方式。为此，邓小平从中国当时人口多、底子薄的基本国情出发，提出了"中国式的现代化"。"过去搞民主革命，要适合中国情况，走毛泽东同志开辟的农村包围城市的道路。现在搞建设，也要适合中国情况，走出一条中国式的现代化道路。"①

以小康社会为指标的现代化道路首先是符合中国社会客观发展状况的道路，不能步子迈得太大，目标定得太高。1979年10月，邓小平对现代化的定义进行了细化与调整。他说，"所谓政治，就是四个现代化。我们开了大口，本世纪末实现四个现代化。后来改了个口，叫中国式的现代化，就是把标准放低一点。"② 中国式的现代化不能不顾实际，盲目追求日本那样发达国家的水平，而是力争在20世纪末达到人均国民生产总值800～1000美元的"小康生活"。邓小平以小康社会为内涵，清晰地定位了中国式的现代化的发展目标。

同时，邓小平的小康社会理论从人本与物质发展的综合尺度完善了中国式的现代化的精神实质。小康社会概念从古到今，无不体现了人本主义的光辉，体现了对人的生存境况的体谅与关切。用小康社会来界定中国式的现代化，赋予了中国现代化进程以"人本"尺度和人民立场。这也是中国式的现代化有别于西方发达国家现代化道路的本

---

① 《邓小平文选》第2卷，人民出版社1994年版，第163页。
② 《邓小平文选》第2卷，人民出版社1994年版，第194页。

质区别之一，体现了社会主义制度的优越性。西方现代化多拘于单向度的经济指标，因此劳动异化人类的现象在资本主义社会成为常态。按照马克思的分析，劳动必然会在资本主义生产方式下被扭曲、被异化。在资本主义条件下，劳动对象化呈现出来的特殊形式，即"工人生产的财富越多，他的产品的力量和数量越大，他就越贫穷。物的世界的增值同人的世界的贬值成正比"。[①] 这会导致一种奇异的后果，劳动和人类自由的对立："这一切后果包含在这样一个规定中：工人同自己的劳动产品的关系就是同一个异己对象的关系。"[②] 劳动对象化的结果是形成一种异于甚至对立于劳动者的存在物，呈现出一种负相关的奇异现象，即"按照国民经济学的规律，工人在他的对象中的异化表现在：工人生产得越多，他能够消费的越少；他创造价值越多，他自己越没有价值、越低贱；工人的产品越完美，工人自己越畸形；工人创造的对象越文明，工人自己越野蛮；劳动越有力量，工人越无力；劳动越机巧，工人越愚笨，越成为自然界的奴隶"。[③] 而以小康社会为内涵的中国式的现代化的基本使命是要满足人民群众的物质文化需求，在衣食住行大幅提高的基础上，让生产劳动成为人民发展的本能需要，让发展成果惠及人民。

小康社会是中国社会发展的必经阶段，并不是最终阶段。小康社会理论的提出，深刻说明了中国的现代化进程任重道远，并不能一蹴而就，需要一代一代中国人的接续努力。小康社会表明了党的领导人对现代化建设的长期性、艰巨性有充分的认识与准备。小康社会设定的发展目标与路径既符合实际，又可努力追寻，既符合人民发展利益，又能极大调动人民生产创造的积极性，是现阶段中国现代化最准确的描述。

---

① 《马克思恩格斯全集》第46卷（上），人民出版社1979年版，第520页。
② 《马克思恩格斯全集》第46卷（上），人民出版社1979年版，第520页。
③ 《马克思恩格斯选集》第1卷，人民出版社2012年版，第52-53页。

（二）邓小平小康社会思想谋划中国社会发展新战略

邓小平在提出中国式的现代化的基础上，制定部署了"三步走"的发展战略，这是基于时代特征、发展潮流、国情实际谋划的发展战略，将中国社会现代化的发展目标分阶段划分，使之成为切实可行的实践步骤，将小康社会水平与达到中等发达国家发展水平列为现代化的阶段性任务与标志，既使中国的社会主义现代化有了清晰具体的目标，同时又易于为人民群众领会、掌握和实践。

以小康社会思想谋划中国发展战略，兼顾了"只争朝夕"的速度与全面发展的社会效益。速度是衡量发展的基本指标。毛泽东在《满江红·和郭沫若同志》一词中写道："一万年太久，只争朝夕"，习近平总书记在2020年新年贺词中对全国人民深情寄语："让我们只争朝夕，不负韶华"[1]，都是强调应争分夺秒谋发展，时不我待求进步，以强烈的紧迫感与崇高的使命感主动向前进发。邓小平也一再强调要让小康社会在一个比较满意的速度上发展，要极力发挥资源丰富、地域优越、实力较雄厚的地区的优势，使之以尽可能快的增速先发展起来，用以带动全国经济的发展。同时要在速度上加上一个限制条件，即我们国家的增速不能像西方发达国家那样单纯追求经济效益，而忽视了经济发展对人全面的塑造和对社会整体效益的提升。

速度与效益是一对相辅相成、互相影响的概念，没有效益的高速度会落入弄虚作假的数字圈套，而没有速度的效益是无法真正促进社会发展的。和很多发展中国家的起步一样，中国在现代化初期采取的是粗放型、资源消耗型的发展模式，在经济短期增长的刺激下，难免忽视可持续发展。巨大的生产要素投入换来了一定程度上的经济增长，却埋下了资源枯竭、环境破坏的隐患。因此，小康社会理论的提出，

---

[1]《国家主席习近平发表二○二○年新年贺词》，《人民日报》2020年1月1日。

平衡了速度与效益之间的关系,坚持主张中国的现代化决不能重蹈西方现代化过程中先污染后治理的覆辙。邓小平清醒地认识到,西方发达国家利用霸权在全世界范围内掠夺资源,倾泻废品,以自私自利的心态追求所谓自身高速发展,而将祸水引流到他们认为的不发达国家。作为一个负责任的大国和最大的发展中国家,中国必须从转变经济增长方式入手,提高资源利用和经济发展的质量,在经济发展的同时,保护人类赖以生存的生态环境。这种高瞻远瞩的战略体现了中国共产党一向坚持保护长远利益和整体利益的高远眼界和广阔胸怀。

(三)邓小平小康社会思想体现了中华民族伟大复兴与人民幸福的完美融合

虽然邓小平并没有提出中华民族伟大复兴的中国梦的概念,但是正如习近平总书记指出的,"实现中华民族伟大复兴是近代以来中华民族最伟大的梦想。中国共产党一经成立,就把实现共产主义作为党的最高理想和最终目标,义无反顾肩负起实现中华民族伟大复兴的历史使命"。[1] 邓小平提出的小康社会理论是实现中华民族伟大复兴的中国梦的必然历程和重要战略。中国共产党是人民的政党,是毫无自己的私利的最广泛联系群众的政党,是时刻将民族复兴与人民幸福作为初心与使命的政党,因此,我们主张的小康社会从诞生之日起天然地具有民族复兴和人民幸福的血肉联系。可以说,在小康社会理论中中华民族伟大复兴与人民幸福完美地融合在一起。

小康社会是国力的表现,按照邓小平的设想,中国达到小康水平之后,在国力上就达到强国水平了。19世纪中叶,鸦片战争惊醒了封建王朝闭关锁国的迷梦,被坚船利炮强行打开国门的中华民族陷入内

---

[1] 习近平:《决胜全面建成小康社会 夺取新时代中国特色社会主义伟大胜利》,《人民日报》2017年10月28日。

忧外患、山河破碎的境地。国家大而不强，在列强眼中只是一块予取予求的肥肉，谁都想咬上一口。"国将不国"是民众无奈的哀号，"救亡图存"是有识之士发自肺腑的渴望。在新中国成立以后，政权的稳固、经济的发展、社会的稳定、人民的幸福都有赖于国家国力的保护。以小康社会为核心的现代化"三步走"战略，通过科学的指导、正确的路径、实事求是的奋斗，使得我国经济总量不断提高，人民生产生活条件不断改进、国际影响力不断扩大，国际地位不断提升，综合国力与日增强，成为国际上举足轻重的力量。

小康社会是人民幸福的表征。家是最小国，国是千万家。民族复兴与人民幸福互相依存。国力强盛鼓舞着每一个中华儿女为国家发展而奋斗，国力强盛的终极落脚点是人民群众的幸福生活。共同富裕是社会主义的本质要求，是社会主义制度优越性之所在，是社会公平正义的集中表现。在中国这样一个国土面积大，人口基数高、城乡区域发展不平衡的大国里，社会发展必须考虑到民生，重视社会公平公正、正确处理调解好贫富之间的关系，让每一个人都能在国家发展中感受到公平正义，共享经济发展的成果。小康社会将共同富裕融入对民生的关切、对人的地位和作用的重视、对人自由全面发展的关怀。

（四）邓小平小康社会思想实现了中华优秀传统文化与社会主义建设的深度契合

"一个国家、一个民族不能没有灵魂。"[1]正本才能清源，守正方可创新，中华优秀传统文化是中国思想的重要源流和宝贵财富，焕发出灿烂的光辉。邓小平对"小康"概念的妙用，赋予了传统思想以现代精神的活力，使之不再耽于空想，而成为一个具有实践性、时代性的思想指引。

---

[1]《习近平谈治国理政》第3卷，外文出版社2020年版，第322页。

传统小康对政治清明、经济富庶、生活安定、国防强大的追求在现代小康社会思想中被完好地保存与继承下来，成为贯通古今的思想源泉。中国漫长的历史与面临侵略救亡图存的失败与成功说明，只有在马克思主义的指导下，只有在中国共产党的领导下，只有团结全国各族人民，制定科学的发展战略和脚踏实地地实践社会主义建设，中国的小康社会才能实现。在现代小康社会的发展与实践中，传统小康的梦想成为现实，完美地契合入中国特色社会主义建设的伟大事业之中。

第四节　总体小康社会向全面建设小康社会发展

党的十五大指出，1997年到2010年是中国实现人民生活水平达到小康水平的第二步战略目标，向基本实现现代化的第三步战略目标迈进的关键时期。2000年，我国的国民生产总值就已经实现翻两番的任务，胜利完成第二步战略目标。从温饱到小康的飞跃标志着社会主义制度的伟大胜利，同时也证明了中国共产党"三步走"战略的科学性。

改革没有完成时，发展永远是进行时。党的十五大在邓小平"三步走"战略基础上进行发展创新，明确了以实现现代化为目标的"新三步走"战略部署，对邓小平"三步走"战略进一步细化和具体化，提出要使人民的小康社会更加富裕、经济发展更加快速、制度建设更加完善。"新三步走"战略深刻地体现了小康社会作为一种社会发展阶段，不是一旦达到就停止不动的静态，而是不断发展的动态，是不断向第三步目标跃进的发展过程。2000年，我国人民生活"总体上达到了小康水平"。江泽民在庆祝中国共产党成立八十周年大会上的讲话指出："我国已进入了全面建设小康社会、加快推进社会主义现代

全面建成小康社会

化的新的发展阶段。"①2002年,江泽民在党的十六大报告中庄严宣告:"经过全党和全国各族人民的共同努力,我们胜利实现了现代化建设'三步走'战略的第一步、第二步目标,人民生活总体上达到小康水平。"②提出要开启全面建设小康社会的新征程,开创中国特色社会主义事业新局面。

一、全面建设小康社会提出的国际国内背景

总体小康是建设小康社会重要的阶段性胜利,但是由于我国处于社会主义初级阶段,总体上的小康水平是低标准的小康,是发展不全面、不均衡的小康。在总体小康社会里,城乡二元经济结构和地区发展差异仍然没有得到有效改变,贫困人口总量为数不少,人口数量与年龄结构失衡,在生态环境、自然资源等方面压力不小,在经济体制、科技创新、民主法治建设等方面都需要进一步的推进与改善。在这个总体小康社会里,社会主要矛盾仍然是人民日益增长的物质文化需要同落后的社会生产之间的矛盾。因此,进入新世纪,一方面要巩固和提高现有的小康水平,另一方面要进行长期艰苦奋斗,开启全面建设小康社会的新征程。

党的十六大报告指出:"二十一世纪头二十年,对我国来说,是一个必须紧紧抓住并且可以大有作为的重要战略机遇期。"③要在总体小康的水平上,集中力量建设一个经济更加发达、民主更为健全、科教更加勇于创新并且善于创新、文化更为积极繁荣、社会更加和谐稳定、

---

①江泽民:《论党的建设》,中央文献出版社2001年版,第521页。
②江泽民:《全面建设小康社会 开创中国特色社会主义事业新局面》,《人民日报》2002年11月18日。
③江泽民:《全面建设小康社会 开创中国特色社会主义事业新局面》,《人民日报》2002年11月18日。

第一章 全面建成小康社会的概念演进与历史进程

人民生活更加幸福殷实的全面小康社会，让小康社会的成果惠及全国十几亿人口。全面建设小康社会以党的文件形式正式被确立为中国社会在21世纪的奋斗目标。

（一）全面建设小康社会是应对国际形势变化的必然选择

进入21世纪，虽然国际上地区冲突不断，局部局势持续动荡不安，美国霸权阴霾时不时侵扰发展中国家的历史进程，但"青山遮不住，毕竟东流去"，发展中国家向前发展的历史洪流无法阻挡，全球化背景下人类命运更加紧密联系在一起的潮流趋势无法逆转，和平与发展仍然是当今世界发展的主流。世界需要和平、国家必须发展、人民追求幸福、文明必将进化，这一切都是已经被历史证明过的公理。在21世纪之初，冷战结束的"后遗症"逐渐消退，经济全球化迅猛发展，国际政治格局朝着多极化方向发展。虽然美国依旧是世界上唯一的超级大国，不遗余力地在全球推行霸权主义和强权政治，但中国作为发展中国家中重要的一支力量，积极维护国际公正合理新秩序和参与经济全球化合作，在维护国家安全和正常运行的前提下，为世界和平做出了自己的贡献。

推进维护公平合理的国际新秩序是小康社会的题中应有之义。1988年9月21日，邓小平在会见到访的斯里兰卡总统普雷马达萨时表达了中国反对霸权主义、维护世界和平的主张，提出既要建立国际经济新秩序，也要建立国际政治新秩序。国家发展需要和平安定的外部环境，这是全面建设小康社会必需的外部条件。同时，和平安定的外部环境不是向上苍祈求来的，不是对霸权强权妥协来的，而是依靠自身强有力的综合实力争取来的。全面建设小康社会是解决21世纪初中国综合国力提升、和平发展等重大问题的必由之路。

可以说，面对21世纪的机遇与挑战，全面建设小康社会是顺应全球化发展大势、积极参与全球治理的重大战略选择。依照过去总体建设小康的方式，一方面不能适应生产力发展，另一方面也无法在激烈的全球竞争中取胜，必须全方位均衡充分地建设小康社会，才能在应对世界形势风云变幻时始终保持战略定力，以我为主，从容不迫。

（二）全面建设小康社会是中国社会发展的必由之路

社会发展的脚步始终向前，任何阶段性的胜利都是迎接下一次挑战的基石。我国在20世纪末21世纪初实现了总体小康，这是社会主义现代化建设令人振奋的伟大成就，也充分证明了中国社会主义道路的正确性、社会主义制度的优越性和"三步走"战略的科学性。但总体小康是一种较低水平的小康，具有发展不全面、不均衡、不充分等问题，距离中国式的现代化设想的理想小康水平有一定的差距。可以说，总体小康只是刚刚跨入小康社会的门槛。在总体小康的社会里，我国经济总量达到了相当的规模，但是人均国民生产总值800美元仍然处于中等偏下收入国家水平，还有一些结构性转换的指标也低于按照人均国民生产总值800美元折算的数值。所以，总体小康水平从经济上看是不足的，虽然从总体上完成了温饱向小康的转化，但截至2000年，中国仍有3000万贫困人口为温饱问题发愁。

从发展的全面性上看，总体小康社会的发展不全面。虽然邓小平在提出小康社会概念之初就一再强调要建设一个兼顾物质文明与精神文明，兼顾经济发展与环境保护的社会，但由于时代条件和生产力水平所限，总体小康的发展仍然偏重于经济增长等物质方面的指标，对文教、环境的强调不足。这导致在总体小康社会中，出现重经济增长，轻社会发展的社会现象，没有实现在经济增长基础上的结构性转化。从总体小康社会的消费上看，生存性消费占大多数，发展性消费动力劲头不足，表明社会发展整体缺乏活力。从发展均衡度上看，总体小康社会是一个不均衡发展的社会。城乡、区域乃至生产领域之间的发展水平存在较大差距。

伟大成就令人振奋与感佩,也令人深切地感受到全面建设小康社会,提升总体小康社会发展水平,使之向全面、均衡的方向发展的必要性与紧迫性。21世纪初,在我国刚刚实现总体小康社会发展目标时,党中央以一往无前的勇气推进全面建设小康社会的历史进程,体现了中国共产党高瞻远瞩、深谋远虑的眼光,正视问题、虚怀若谷的胸襟,脚踏实地、深耕厚植的奋斗精神。

二、全面建设小康社会的战略部署

改革开放之初,邓小平以小康社会为核心构建了中国式的现代化的宏伟蓝图,并制订了"三步走"计划,为全面建设小康社会理论与规划的提出奠定了坚实基础。20世纪末21世纪初总体小康社会的实现从实践上证明了此前制定战略的科学性与可行性,并指明了未来社会发展的方向和亟须改进之处。在党的十五大报告中,江泽民根据国内发展的实际需要和国际形势等外部条件,制定出了"新三步走"战略:第一步,二十一世纪的第一个十年实现国民生产总值比2000年翻一番,使人民的小康生活更加宽裕,形成比较完善的社会主义市场经济体制;第二步,再经过十年的努力,到建党一百年时,使国民经济更加发展,各项制度更加完善;第三步,到二十一世纪中叶中华人民共和国成立一百年时,基本实现现代化,建成富强民主文明的社会主义国家。可以说党的十五大为全面建设小康社会制定了精密的战略部署和发展目标。

总体小康社会的发展状况与面临的问题以及全面建设小康社会的

战略部署可以从哲学角度解释。德国哲学家莱布尼兹说"世界上没有完全相同的两片树叶",说明万事万物都是有差别的,因此,必须承认在城乡和区域之间客观上的差异性,而全面建设小康社会就是要尽量缩小这样的差距,这是全面建设小康社会的必要性。古希腊哲学家赫拉克利特说"人不能两次踏进同一条河流",说明事物无时无刻不是处于变化之中,"芳林新叶催陈叶",新陈代谢是客观规律,而全面建设小康社会就是要在总体小康社会的基础上不断向更加完善、更有生机的方向发展。这一点从理论上论证了全面建设小康社会的必然性。英国诗人约翰·多恩说"没有人是一座孤岛",在这个世界上,早就是"你中有我,我中有你",一个人的存在以其他人的存在为前提,说明事物是普遍联系的,总体小康社会发展不均衡可以通过城乡、区域等的普遍联系,达到先发展带动后发展、先富裕带动后富裕,最后实现均衡发展、共同富裕的目标。这论证了全面建设小康社会的可能性。

党的十六大从经济结构、民主法治、思想文化与健康素质以及可持续发展能力等方面进行了详细的战略部署。

经济方面,全面建设小康社会要坚持始终以经济建设为中心不动摇,通过优化经济结构和提高效益来不断解放和发展社会生产力,努力实现国内生产总值到2020年比2000年翻两番,基本实现工业化,显著增强综合国力。建成完善的社会主义市场经济体制,不断扩大开放,增强经济的活力与生机。针对总体小康社会存在的城乡差别、工农差别和地区差别,要通过进一步加快城镇化步伐、发展农村经济和协调区域发展来逐渐缩小这些差距。全面建设小康社会追求的经济发展是将改革发展的成果惠及人民,是要针对总体小康社会发展不全面不充分的问题,不断加强社会保障体系的建设,实现较为充分的就业,促进家庭财产增加,让人民过上更加富足的生活。

第一章
全面建成小康社会的概念演进与历史进程

民主法治方面,全面建设小康社会要继续完善社会主义法制建设,全面落实依法治国基本方略,切实保障人民群众的政治、经济、文化权益。健全基层民主,增强人民的主人公意识和参政议政的积极性,让人民真正参与到国家治理中,让人民在依法治国中感受到社会的公平正义,做到真正意义上的人心所归,社会稳定。

在全民族思想道德素质、科学文化素质和健康素质的建设上,要力争形成"比较完善的现代国民教育体系、科技和文化创新体系、全民建身和医疗卫生体系"[①]。党的十六大强调学习型社会的建立。一个国家发展不竭的动力源于创新,创新的根本主体是拥有创新能力、创新勇气和创新精神的劳动者。因此,在劳动过程中,具有创造力的劳动者是最宝贵的、最具有活力的资源要素。只有从文化教育上加大投入,着力提高人民素质,促进人的全面发展,才有生产力源源不断发展的动力。人是马克思主义最重要的概念之一,以人民为中心、为了人民、依靠人民、让劳动成果为人民所享有是中国共产党不能忘却的初心。让人民生活更加富足的同时,千方百计提高人民素质,用积极向上的社会主义思想引导人,用现代科学文化教育塑造人,用医疗与运动培育人的身体素质,是全面建设小康社会"全面"二字的题中应有之义。

可持续发展能力是相对于传统发展而言。传统发展是一种只顾经济利益、不看社会整体利益,只看眼前利益、不看长远利益,只顾自己利益、不顾他人利益的不全面、不协调、不可持续的发展模式。传统发展观是对这种非理性开发自然、谋求经济利益的发展模式的概括。传统发展往往发生在人类早期对自然界的开发上。20世纪80年代,人们逐渐认识到自然界对人类的"报复"效应之后,开始思考要如何

[①] 江泽民:《全面建设小康社会 开创中国特色社会主义事业新局面》,《人民日报》2002年11月18日。

扭转这种不可持续的发展观，转而形成全面协调可持续的发展模式。传统发展模式由于其投入少、获利快而占有一定的市场，如果不进行有效治理，长此下去将最终危害中国现代化的发展进程。因此，党的十六大站在21世纪的历史起点上，紧密结合当时所处的时代要求与世界潮流，提出要不断增强社会的可持续发展能力，保护和改善生态环境，提高资源利用效率，促进人与自然的和谐，进一步推动社会在生产力快速发展、人民生活富裕、生态美好和谐的文明发展道路上不断前进。

此外，党的十六大报告在党的建设、国防外交建设上就全面建设小康社会做出了具体的战略部署，强调要"全面推进党的建设新的伟大工程"[①]，加强和改善党的领导，将全体人民的意志和力量凝起来，发挥最强大的发展动能。在国防上，切实推进国防和军队现代化，这是保障国家安全与根本利益最有力的屏障。在外交上，坚持独立自主和平外交政策，确保中国建设稳定和平的外部环境，在维护世界和平、促进各国共同发展上发挥重要的作用，做出重要的贡献。

三、全面建设小康社会思想不断深化发展

党的十六大以后，中国面临更加复杂多变、风云变幻的国际环境，国内面临的改革发展任务也愈加艰巨复杂。改革进程往往"入之愈深，其进愈难，而其见愈奇"。艰难行进终会迎来丰硕的成果。以胡锦涛为总书记的党中央，在新的历史起点上，在全面建设小康社会取得阶段性成就的基础上，紧紧抓住21世纪经济全球化的战略机遇期，从思想上不断深化对全面建设小康社会的思想认识，立足国情和世情，创新发展思路，以全面、持续、可协调为核心的科学发展观指导全面建

---

① 江泽民：《全面建设小康社会　开创中国特色社会主义事业新局面》，《人民日报》2002年11月18日。

第一章
全面建成小康社会的概念演进与历史进程

设小康社会的伟大实践。

在全面建设小康社会的实践中，经济发展与社会发展的矛盾及脱节情况时有发生。针对这一状况，党的十六届三中全会提出以科学发展观指导社会全面建设，保障社会发展能够沿着全面、持续、可协调的道路前进。党的十六大在制定全面建设小康社会战略的时候提出要使社会更加和谐。党的十六届四中全会基于社会建设的全局，提出构建社会主义和谐社会，并将之作为全面建设小康社会的重要内容与我国现代化建设的重要任务。社会和谐是全面小康的重要意涵，只有全面均衡地发展，才能保障社会的和谐，而社会的和谐状态能够进一步促进经济社会更有效、更全面、更均衡地发展。党的十六届五中全会进一步明确牢固树立科学发展观对我国经济社会发展全局的统领地位，开创全面建设小康社会的新局面。党的十六届六中全会进一步明确和谐社会建设对小康社会的重大意义，提出社会和谐是社会主义现代化国家建设的内在本质要求和重要奋斗目标，要主动将和谐融入全面建设小康社会的方方面面、各个环节。

党的十六大以来提出的全面建设小康社会、科学发展观、和谐社会，是内在一致、一脉相承、相辅相成、互相促进的三大理念。社会和谐是全面建设小康社会的内在要求与运行状态，建设全面小康是和谐社会的重要保障，两者都统一于科学发展观的科学指导。全面建设小康社会、科学发展观与和谐社会三者内在地统一于建设中国特色社会主义的伟大实践之中。

党的十六届四中全会提出构建社会主义和谐社会的任务，明确了经济建设、政治建设、文化建设和社会建设"四位一体"布局。党的十八大将其发展为经济建设、政治建设、文化建设、社会建设和生态文明建设"五位一体"总体布局。在"四位一体"总布局的坐标体系中，对全面建设小康社会提出了一系列新目标、新要求和新举措。

2010年9月16日,胡锦涛在第五届亚太经合组织人力资源开发部长级会议上的致辞中提出"包容性增长"的新概念,其核心内涵是主张发展必须要公平、均等与和谐,具体表现在经济增长与生态环境的包容协调,不同国家和地区的包容协调,经济增长与民生福祉的包容协调。胡锦涛强调,我们应该坚持社会公平正义,着力促进人人平等获得发展机会,不断消除人民参与经济发展、分享经济发展成果方面的障碍;坚持以人为本,着力保障和改善民生,努力做到发展为了人民、发展依靠人民、发展成果由人民共享。[①]"包容性增长"的提出,深化了全面建设小康社会的思想内涵与精神实质,更加体现了社会主义国家以人为本,以人民为中心的基本立场。包容性增长决定了经济发展的目的之一是尽可能创造就业机会,为保障公民的生存权和发展权提供坚实的物质保障,构筑人民过上幸福生活的坚强防线。包容性增长强调发展机会的均等性,主张为每一个人提供平等发展的机会,进入各种生产生活领域,凭借自己的能力,按照共同认可的规则奋斗与竞争。包容性增长同时为民生兜底,尽力给每一个尤其是因为各种复杂原因而受惠较少的人给予相应的保障。可以说,包容性增长不仅是机会平等的增长、与自然和谐共生的增长,更是共享式的增长。

21新世纪的前十年,党中央对全面建设小康社会思想进行了深入的思考,以科学发展观全面指导小康社会的建设,以和谐社会升华小康社会的精神指引,以包容性增长保障小康社会发展的正确航道,取得了经济、政治、文化、社会和生态文明的重大成就,为党的十八大提出全面建成小康社会奠定了坚实的理论基础和实践基础,预示着中

[①] 胡锦涛:《深化交流合作 实现包容性增长——在第五届亚太经合组织人力资源开发部长级会议上的致辞》,《人民日报》2010年9月17日。

国社会不断总体向好、奋发进取的大好局面。

四、全面建设小康社会的时代意义

全面建设小康社会是中国进入 21 世纪，面对新的历史条件，站在新的历史起点上，在以往建设小康社会的理论与实践基础之上做出的重大决策与科学判断，是在社会主义基本原则指导下，符合当代中国社会发展客观状况的伟大实践，具有时代特征鲜明、实事求是、顺应人民愿望与需求的特点。

全面建设小康社会思想在理论上深化了对共产党执政规律、社会主义建设规律和人类社会发展规律的认识与把握，是马克思主义中国化的创新发展。全面建设小康社会在实践中凝聚了全国人民的决心、鼓舞了各行各业奋斗者的斗志、激发了勤劳勇敢中国人的创新精神，全面推动了中国经济社会的发展。

（一）全面建设小康社会的理论意义

全面建设小康社会是马克思主义中国化的重要理论成果，既具有时代特征，顺应现实需求，更体现了中国共产党指导思想和发展战略上的一脉相承和与时俱进。

首先，全面建设小康社会加深了对社会主义本质和现代化建设规律的认识。正确面对全面建设小康社会的艰巨性与重要性，始终坚持实事求是，从中国国情的具体实际出发，以解放生产力、发展生产力为路径，保障民生，实现共同富裕。全面建设小康社会把握住了发展这把"金钥匙"，以发展作为执政兴国的第一要务，鼓励创新，冲破思想的藩篱，在开放与改革中革除一切阻碍发展的体制弊端，完善一切影响发展的制度不足，充分体现了中国共产党发展与改革的勇气与决心。

其次，全面建设小康社会理论将全面进步、协调增长、可持续发展统合于实践的各个方面，在以经济建设为中心的基础上，把政治、文化、社会与生态文明提到比以往更为重要的高度，体现了社会整体性进步、高质量发展的显著特征。尤其是全面建设小康社会对贫困人口的关注、对弱势群体的保护、对社会保障的重视，体现了中国共产党以人民为中心的根本立场。全面建设小康社会为全面建成小康社会、"五位一体"总体布局和精准扶贫等思想的创新发展提供了理论积淀。

再次，全面建设小康社会树立了以人为本的高尚的价值导向。全面建设小康社会以人为本，依靠人民，让改革发展成果为人民共享，实现好、维护好、发展好人民的根本利益。人民是中国共产党最坚强的依靠力量，也是中国共产党奋斗的初心与归宿。坚持以人为本的发展理念，将人的地位和首创精神与创新能力当作最宝贵的资源，进行培育与发展，是全面建设小康社会给中国社会主义核心价值体系和价值观的宝贵财富。

（二）全面建设小康社会的实践意义

全面建设小康社会是要建设一个社会发展水平更高的小康社会，人民生活更加富足的小康社会，综合国力更加强盛的小康社会。

首先，全面建设小康社会是中国社会主义建设中一个重要的历史阶段。通过全面建设小康社会的实践，验证了马克思主义指导思想的科学性与正确性，明确了分阶段发展的战略部署的可行性与现实性。同时，全面建设小康社会中存在的不足与矛盾也为下一步全面建成小康社会积累了实践经验，提供了发展参考。

其次，全面建设小康社会开启了从总体上低水平小康向更高水平小康进发的航程，以全面建设为导引，以整体进步为路径，以和谐发展为保障，不断实践前人未有的尝试。以前所未有的勇气实践协调城

第一章
全面建成小康社会的概念演进与历史进程

乡、区域发展差异的艰巨任务，努力改变发展低水平、不均衡、不充分、不可持续的状况，力求为今后的社会发展打下一个更好的基础。

再次，全面建设小康社会用中国发展的巨大成就充分展现了社会主义制度以人为本的优越性和共同富裕的社会主义本质。全面建设小康社会的着力点不单纯局限于经济数据的增长，而是以一种全面的、包容的、均衡的、共享的标准来发展社会，不仅要使一部分人先富起来，更重要的是要让先富的人带动后富的人，让较发达地区带动不发达地区，让先发展的行业带动后发展的行业，大力加强民生保障，让每一个中国人都切实感受到社会进步对自身带来的提升。全面建设小康社会贯彻的求真务实精神同时也对党的十八大以来的全面建成小康社会的战略规划与建设实践提供了宝贵精神财富。

第五节 向全面建成小康社会进发

决胜全面建成小康社会是中国共产党提出的"两个一百年"奋斗目标的第一个目标，是中国特色社会主义进入新时代，在新的历史方位中最重大的历史任务之一，标识中华民族伟大复兴的重要里程碑，关系全国各族人民的根本利益。决胜全面建成小康社会历史任务的提出绝不是偶然，是中国共产党积极顺应时代潮流，准确把握时代特征，科学回答时代课题做出的历史性判断。从全面建设小康社会到全面建成小康社会，从"建设"到"建成"的转变绝不是单纯字眼的变化，而是中国共产党制定的分阶段发展现代化科学战略在实践中水到渠成的飞跃。

一、全面建成小康社会的提出背景

2010年，胡锦涛在党的十七届五中全会上提出："'十二五'时期是全面建设小康社会的关键时期，是深化改革开放、加快转变经济发展方式的攻坚时期。"① 经过这一时期的努力，将为全面建成小康社会打下具有决定性意义的基础。在2010年提出为全面建成小康社会打下基础并非偶然，而是党中央在综合分析中国国内发展势态和国际外部环境的基础上做出的科学预判。"十一五"时期，面对国内外复杂局势和不断出现的风险挑战，尤其是在2008年全球性金融危机的巨大冲击下，我国顶住压力，以超强的战略定力，牢牢扭住发展这一党执政兴国的根本要务，保持经济平稳的发展态势，一心一意谋发展，全心全意为人民，推动社会稳定运行。在金融危机的考验下，国家"三步走"战略部署发挥了强大的定盘星作用，社会主义制度的政治优越性起到了社会稳步前进压舱石作用。在"十一五"期间，中国人民万众一心，众志成城，战胜四川汶川大地震等自然灾害，展现了中国人民和社会主义制度"集中力量办大事"的超强社会动员能力；成功举办举世瞩目的北京奥运会和上海世博会，展现了中国改革开放的成果与敞开怀抱走向世界大舞台的胸襟与勇气。经过"十一五"时期的艰苦奋斗，我国社会生产力快速增长，综合国力大幅提升，社会愈加和谐稳定，人民生活水平明显改善，奋斗热情日益高涨，国际地位和世界影响力与日俱增，这些都是提出全面建成小康社会在物质和精神上的底气与重要保障。

从国际形势上看，我国既拥有大有作为的机遇，也面临着前所未有的挑战。国际金融危机导致全球经济进入低速增长期，全球市场显

---
① 《中国共产党第十七届中央委员会第五次全体会议公报》，《人民日报》2010年10月19日。

著扩张带来的"红利"已日渐稀少，我国不能采取过去简单地被动参与国际分工体系的做法，不能将经济增长主要依托于出口与投资。这既是挑战，也是机遇，倒逼我国离开传统发展的"舒适区"，通过扩大内需，提高科学技术的创新能力和市场转化能力，抓住市场要求的新机遇，促进经济发展方式新升级。世界经济格局的定位归根结底取决于各国综合国力的对比，国际金融危机是世界大国展开新一轮内外战略调整的机遇期，哪个国家能率先抓住机遇，掌握改革发展的先机，就能在新一轮的调整中占据主动地位。全面建成小康社会就是要准确把握国际形势变革的时机，变危机为转机，化被动为主动，主动出击，进一步提升我国综合国力和国际影响力。

从国内的生产力发展模式来看，我国生产力成本显著上升，人口红利逐渐消失，传统生产优势不再明显。此外，能源、矿产等资源性产品的国家价格逐年上升，提高了我国经济发展的资源成本，也掣肘了投资力度、减少了投资收益。因此，仅仅依靠传统投资与生产模式无法实现经济长期平稳增长。全面建成小康社会的关键点在于全面，就是要摒弃以往过度依赖资源消耗、低素质密集劳动力等粗放型、宽松型的发展方式。全面建成小康社会的生产能力与生产方式应该是通过科学创新、持续发展、深化改革、理顺关系之后的高质量发展，不断凭借自身创新能力获取新的发展机遇。通过全面建成小康社会的实践奋斗，能更进一步有效地挖掘新的改革动力，释放新的改革红利，推进农业现代化、工业化、信息化、城镇化的多箭齐发，同步发展。在全面建设小康社会的过程中，我们把握住了很多有利的战略机遇，也累积了不少矛盾风险。如何能够安全地转化与释放矛盾风险，保障战略机遇期的发展优势，就需要在全面建成上下功夫。

2012年11月，党的十八大在北京召开。这是一次划时代的大会，标志着中国特色社会主义进入新时代，肯定了全面建设小康社会在经济总量、综合国力、社会发展态势、人民生活水平等诸多方面的历史性成就，并提出确保到2020年实现全面建成小康社会的宏伟目标。十八大报告的主题是《坚定不移沿着中国特色社会主义道路前进，为全面建成小康社会而奋斗》，表达了我们党带领人民不惧风险、不畏干扰，坚定社会主义道路的勇气；确定了我国进入了全面建成小康社会的决战阶段，表达了到2020年如期实现全面建成小康社会奋斗目标的坚定决心和必胜信念。

  2015年10月，习近平总书记在党的十八届五中全会第二次全体会议上的讲话指出，"今后5年党和国家各项任务，归结起来就是夺取全面建成小康社会决胜阶段的伟大胜利，实现第一个百年奋斗目标。"[①] 全面建成小康社会既是中国共产党对人民、对历史的庄严承诺，更是准确判断国内外形势，把握时代发展大势，顺应人民需求与愿望，积极参与公平合理国际治理的必由之路。全面建成小康社会新的目标要求是："经济保持中高速增长，在提高发展平衡性、包容性、可持续性的基础上，到二〇二〇年国内生产总值和城乡居民人均收入比二〇一〇年翻一番，产业迈向中高端水平，消费对经济增长贡献明显加大，户籍人口城镇化率加快提高。农业现代化取得明显进展，人民生活水平和质量普遍提高，我国现行标准下农村贫困人口实现脱贫，贫困县全部摘帽，解决区域性整体贫困。国民素质和社会文明程度显著提高。生态环境质量总体改善。各方面制度更加成熟更加定型，国家治理体系和治理能力现代化取得重大进展。"[②] 在会议上，习近平总书记强调，全面建成小康社会所提出的目标要求是中国共产党"对人民立下的军令状，必

[①]《习近平谈治国理政》第2卷，外文出版社2017年版，第71页。
[②]《中国共产党第十八届中央委员会第五次全体会议公报》，《人民日报》2015年10月30日。

第一章 全面建成小康社会的概念演进与历史进程

须全力以赴去实现"①。

2017年10月,党的十九大报告《决胜全面建成小康社会 夺取新时代中国特色社会主义伟大胜利》,标志着全面建成小康社会进入决胜期,要凝心聚力,奋发向前,迈向全面建设社会主义现代化国家新征程。决胜阶段更需意志坚定,关键时期方显冲锋本色。现在,我国正处于朝着终点冲刺的时刻,一鼓作气,势如猛虎方能闯过难关,完成全面建成小康社会的重大战略任务。

二、新时代全面建成小康社会开启新征程

中国特色社会主义进入新时代以来,以习近平同志为核心的党中央科学规划了全面建成小康社会的新的符合时代特征与发展趋势的目标要求,描绘了中国人民美好生活的蓝图。第一,要在经济上实现高质量发展,在兼顾经济发展平衡性、包容性与可持续性的基础之上,致力于提高经济发展的质量、效益与内涵,实现产业全面提升。不仅要实现乡村振兴,大力挖掘农业创新着力点,还要进一步深化工业化与信息化的融合发展,为新时代的工业发展插上信息的翅膀。推进"大国重器"的创新研发,不断拓展中国先进制造业的发展空间与战略性新兴产业的生长土壤。第二,要在生产力提升上不断提升创新驱动能效。创新驱动是党的十八大以来提出的全面建成小康社会的重要战略部署,要通过推进创新驱动战略的深入实施,提升全要素生产率,加强科技与经济的深度融合,从而增强国家整体的自主创新能力,在重要的科技发展上不再受制于人。第三,新时代的全面建成小康社会更加注重发展的协调。无论是投资效率还是消费刺激,都是反映经济活力的重要指标;无论是城镇发展还是乡村振兴,都是国家协调发展的

---

① 《习近平谈治国理政》第2卷,外文出版社2017年版,第72—73页。

重要组成部分；无论是国家内部经济运转还是全球范围内的资源配置能力，都是国家经济调控能力的重要体现；无论是进出口结构的不断优化还是国际收支的趋于平衡，都是国家国际竞争力的清晰表征。第四，要让人民群众在全面建成的小康社会中真切感受到生活水平与生活质量的提升。使切身关系老百姓生活的就业、医疗、住房、教育等公共服务体系建设得更加完善，稳步提升公共服务均等化水平。第五，要全面提升国民整体素质和社会文明程度。社会主义核心价值观代表了新时代中国特色社会主义在文化素质、道德价值层面上的引领与标杆，要让以社会主义核心价值观为代表的爱国主义精神、集体主义精神、法治精神等广泛地在群众中弘扬与浸润，使得积极向上、导人向善、诚信互助的社会风尚更为浓厚，综合提升国民思想道德素质、科学文化素质、健康素质以及法治素养等。第六，要从总体上不断改善生态环境质量。绿色生产与生活方式是新时代全面建成小康社会的题中应有之义与存在方式。要大力提升低碳生产水平，加大能源资源开发利用效率，降低能源消耗和加强对建设用地、碳排放总量的有效控制。第七，进一步提升国家治理体系和治理能力现代化，保障全面建成小康社会中的各项制度更加成熟定型。从而使人民享有充分的民主，得到更充分的法治保障，无论是人权还是产权都能在国家法治体系内得到有效保护。

中国特色社会主义进入新时代以来，中国社会的发展机遇与风险前所未有地深刻复杂地交织在一起。中国经济进入多元复合转型的重要战略机遇期，经济社会风险矛盾叠加，国际环境风起云涌，对中国社会发展的提质增效、转型升级的要求更高、更紧迫。以习近平同志为核心的党中央以极大的理论勇气与实践魄力，统筹推进"五位一体"总体布局，系统应对新时代中国发展的机遇与挑战。第一，坚定不移

第一章
全面建成小康社会的概念演进与历史进程

地贯彻新发展理念，把发展作为党执政兴国的第一要务，建设社会主义现代化经济体系，坚持解放和发展社会生产力，推动经济持续高质量发展。第二，坚定不移地发展社会主义民主政治，健全维护人民当家作主的制度体系，充分体现人民意志、保障人民权利、发扬人民主体地位与发挥人民创新能力。第三，坚定不移地建设社会主义文化，坚定中华民族文化自信，促进文化发展繁荣兴盛。文化是民族的灵魂与根脉，铸魂育人是文化教育的重大使命。一个全面小康的社会里，文化自信与繁荣是必不可少的重要因素。全面建成小康社会就是要激发全民族的文化创造力与创新精神，坚持中国特色社会主义文化强国的发展道路。第四，坚定不移地推进社会建设，加强和创新社会治理意识与能力，切实提高与保障民生。社会建设直接关系到为什么人的问题，直接关系到国家建设依靠力量的问题，因此，要始终把人民利益摆在最显著的位置，要在社会建设中让改革发展的成果最大程度地惠及全体人民，实现共同富裕。第五，坚定不移地加强生态文明建设。建设美丽中国是新时代对中国特色社会主义赋予的历史任务。人与自然是不可分割的命运共同体，因此人类必须尊重遵从自然规律，顺天应时，保护自然，在与自然和谐相处的过程中，实现更加顺畅、和谐与美好的发展。

中国特色社会主义进入新时代以来，以习近平同志为核心的党中央科学勾画出了全面建成小康社会的重大攻坚战役：防范化解重大风险、精准脱贫与污染防治三大攻坚战。

凡事预则立，不预则废，居安思危是中国传统文化中的精髓。"安而不忘危，存而不忘亡，治而不忘乱"，任何时候只有时刻将风险与变化萦绕心头，谨慎应对，才能在风险来临之际从容不迫，得心应手。中国社会进入新时代，不仅是重大的机遇期，也是风险不断叠加与暴露的集中期。风险是多方面的，爆发可能是综合出现的，因此必须从思想上切实增强忧患意识，在思维上强化底线思维，在行动上加紧排查风险隐患，摸清风险底数，在战略上秉持标本兼治，注重以体系建设来整体防范化解风险，在应急时不断提高应变处置能力和实时预警能力，有效防范所谓"黑天鹅"与"灰犀牛"事件的冲击，有效控制风险范围，防止小风险酿大祸，防止局部风险演变为系统性风险。风险防控是全面建成小康社会的根本防线。

贫困是困扰世界人民的难题，更是全面建成小康社会必须面对的严峻挑战。坚决打好打赢脱贫攻坚战，不仅是党对人民的庄严承诺，也是对世界的责任承担。首先要摸清处于深度贫困的底数和原因，下大力气啃硬骨头。另外，要咬定总攻目标，整合创新扶贫脱贫政策，聚焦深度贫困地区，不断引导资源要素输送，精准施策，实现有效帮扶。扶贫先扶智，扶贫先扶志，要在教育与思想宣传上不断给予贫困人口以能力与信心，坚持源头帮扶与治理。

经过多年来环境保护治理工作的深耕厚植，我国环境保护总体形势得到了明显的改善，但环境保护的形势依旧比较严峻，水源、大气和土壤等污染问题仍然较为突出。污染防治攻坚战被具体细化为蓝天保卫战、柴油货车污染治理战、农业农村污染治理攻坚战、城市黑臭水体治理战、渤海综合治理战、长江保护修复战以及水源地保护战等。在具体实施上，要细化举措，狠抓责任落实，坚持源头防治，调整产业结构、能源结构、运输结构和农业投入结构"四个结构"。做到减落后产能，增新的增长动能；减煤炭消费，增清洁能源使用；减公路运输量，增铁路运输量；减化肥农药使用量，增有机肥使用量的"四减四增"。

小康是古代人民对幸福生活的向往，小康也是现代中国人对美好

第一章
全面建成小康社会的概念演进与历史进程

生活的奋斗。小康是古代贤人对社会的理想,小康也是现代中国人真实的奋斗写照。从总体小康社会到全面建设小康社会,从全面建设小康社会到全面建成小康社会,从为全面建设小康社会而奋斗到决胜全面建成小康社会,再到开启全面建设社会主义现代化国家新征程,每一步战略都制定得科学,每一步实践都踏得坚实,每一步路程都走得坚决,每一步目标都完成得到位。

三、全面建成小康社会的理论意涵

全面建成小康社会和传统小康社会、总体小康社会相比,重在"全面"。在这里,"全面"要求覆盖领域要全面,是经济、政治、文化、社会和生态文明"五位一体"全面进步的小康社会;"全面"要求覆盖人口要全面,不是专属于一部分人的小康社会,而是惠及全体人民,让人民共享改革成果的小康社会;"全面"要求覆盖区域要全面,是城乡共同发展的小康社会,是东中西部一齐进步的小康社会。全面建成小康社会和全面建设小康社会相比,重在"建成",重在实现与结果。我国幅员辽阔的地理条件决定了各地区、各行业在生产力水平上会有客观的差异,因此,我们所说的全面建成小康社会不是要求各地都千人一面、千篇一律、整齐划一的同水平小康,而是因地制宜、因时制宜、实事求是,追求符合本地区生产力水平的发展质量和持续性。

(一)全面建成小康社会核心在于质量

全面建成小康社会是中国人向往美好生活的千年梦想,是中国人民坚持不懈奋斗的世纪表达。在全面建成小康社会里,质量是首要特征。过去的小康社会更看重经济增速和经济总量,现在的全面建成小康社会更加强调经济发展的质量以及经济发展对其他领域的带动,而不仅仅是经济数据上的提升。

全面建成小康社会不是低水平、不均衡、不全面、不可持续发展的发展，而是要达到高水平、均衡全面、公平正义、保障民生、符合新发展理念的绿色协调可持续的发展。从单向度地强调经济增长到提出"四位一体"建设再到"五位一体"的社会主义现代化总体布局，小康社会发展的每一步都反映出我们党在理论认识上的创新发展，在领导人民实践中的实事求是，在应对国内外形势变化时的审时度势。

（二）全面建成小康社会根本在于发展

发展是硬道理，因为它是解决中国社会所有问题的根本；发展是第一要务，因为离开了发展，任何规划都只是空中楼阁；发展是中国社会的核心竞争力，因为只有不断发展的中国才能把握参与世界分工与全球治理的主动权；发展是社会和谐之根基，人民幸福之根本，因为只有发展能够解决社会中出现的各种问题矛盾，保障民生中的主要诉求；发展是我国建设小康社会30多年来的基本经验，因为它准确地扣住了时代的脉搏，顺应时代要求，回应人民的利益与期盼，体现了中国社会主义建设的本质要求。

（三）全面建成小康社会关键在于实现

全面建成小康社会关键在于"成"，即实现并且有成效。改革开放初期，邓小平提出"小康之家"，用其描绘中国式现代化的丰富内涵，写就中国社会主义现代化的宏伟蓝图，凝聚亿万中华儿女的壮志雄心与奋斗力量，推动着中国现代化一步一步前行。总体小康的实现，说明中国共产党制定的分阶段发展战略的正确性与科学性，验证了中国社会主义现代化伟大实践的可行性与光明前景。全面建成小康社会表明了中国共产党坚定前行，"一张蓝图绘到底"的决心。全面建成小康社会是小康社会建设的冲刺与决胜阶段，社会各方面的发展成果都要受到人民与历史的检验。在经济发展方面，要检验社会主义市场

第一章
全面建成小康社会的概念演进与历史进程

经济体制的完善性、经济结构调整的合理性、转变经济发展方式的成效以及城乡、区域、领域发展的均衡性。在政治建设方面，要检验党科学执政、民主执政、依法执政的水平提升的程度、社会主义政治制度的自我完善程度。在文化建设方面，要检验科教兴国与人才强国战略的实施成效、国家文化软实力的提升效果、人民群众科学文化素质的培育与思想文化素质的塑造效果等。在社会建设方面，要着力检验国家治理体系与治理能力现代化水平，检验社会整合机制、治理机制、保障机制以及利益协调机制是否完善，检验社会公平正义与民生保障是否到位等。

从全面建设小康社会到全面建成小康社会，一字之差，既表明小康社会的理想即将实现光明前景，也体现了任务繁重艰巨的严峻性与紧迫性，更反映出了党中央带领人民兑现庄严历史承诺、建设社会主义现代化坚定的政治意愿、奋斗决心、理想信念和精神勇气。

"小康"概念从春秋战国时期发展到今天，凝结着中华民族对美好生活的向往，也承载着中华民族为民族复兴积蓄与发挥的力量。无论是《礼记》中以礼"正君臣""笃父子""睦兄弟""和夫妇"的小康，公羊学派"内诸夏外夷狄"的"升平世"，还是资产阶级改良派"渐有文教"的"升平世"以及由中国共产党开创的现代小康社会的建设与建成，无不是中华民族美好梦想的重要组成部分。所不同的是，以往的小康梦想最终只是美好的梦想，而中国共产党在马克思主义科学指导下，带领着全国人民不断在伟大实践中奋进，在实现梦想的征途中前行。通过梳理小康社会概念的历史演进与发展，我们将更加坚定马克思主义理论、习近平新时代中国特色社会主义思想的科学性，更加紧密地团结在以习近平同志为核心的党中央周围，勠力同心奋进在全面建成小康社会、实现中国社会主义现代化的征程中，为实现中华民族伟大复兴中国梦而不懈努力。

第二章
全面建成小康社会引领"四个全面"战略布局的发展

党的十八大以来，中国特色社会主义进入新时代，以习近平同志为核心的党中央胸怀中华民族伟大复兴的战略全局，面对世界百年未有之大变局，从发展和建设中国特色社会主义的光荣使命和发展目标出发，提出"四个全面"战略布局。

"四个全面"战略布局是对我国改革开放长期实践摸索的理论总结，是对我国社会发展趋势与脉搏的深刻锚定，是对人民群众呼唤与期盼的热切回应，是对现实矛盾与问题的准确把握，对社会全局具有长远的指导意义。"四个全面"战略布局是党在全面建成小康社会过程中明确提出来的，却不局限于全面建成小康社会。全面建成小康社会不是孤立存在的理论概念，而是我国社会主义现代化进程中的阶段性目标，是实现"两个一百年"奋斗目标的关键步骤。我们要从阶段性与连续性的辩证统一中把握"全面建成小康社会"与"全面建设社会主义现代化国家"的关系，从党不变的初心与承前启后的历史使命来把握"全面建成小康社会"在原有"四个全面"战略布局中的引领地位与作用，才能真正理解与把握全面深化改革只有进行时，没有完成时；全面依法治国要固根本、稳预期、利长远；全面从严治党永远在路上。

在原有的战略布局中，全面建成小康社会居于"四个全面"的首要位置，起到龙头引领的作用。全面深化改革、全面依法治国、全面从严治党与全面建成小康社会一道，服务于建设与实现中国社会主义现代化这一总目标。我们在发展建设中，不能忽视或者偏废其中任何一方面的发展，要保持"四个全面"的平衡协调发展与整体推进。

衡量全面建成小康社会的核心标准为是否"全面"。习近平总书记强调，在全面建成小康社会的路上，一个地区都不能少，一个民族都不能少。"全面"是核心，"全面"是标准，"全面"是目标，"全面"也是挑战。在实现全面建成小康社会的进程中，客观情况是不同

第二章
全面建成小康社会引领"四个全面"战略布局的发展

地区由于其历史条件、文化传统、地理位置、气候条件及其他诸多因素都存在差异，因此会在发展中存在不均衡的情况。有的地区发展速度快，有的地区发展速度慢；有的地区对创新技术接受度高，有的地区对创新技术接受度低；有的地区创业环境对人才吸引力大，有的地区创业环境对人才吸引力小，等等，决定了在向全面小康挺进的路上，发展速度有高有低、发展质量有优有劣、发展覆盖面有大有小、发展充分度有高有低。全面建成小康社会之所以是百年大计之一，一方面因为其承载着中国人民千百年来对美好生活的理想，是中国社会发展重要的战略阶段，对实现中国社会主义现代化的战略发展意义重大。另一方面因为全面建成小康社会是惠及全国十几亿人口的，让所有人共享改革发展成果与民生福祉的小康社会，是实现社会主义"共同富裕"这一本质要求的根本途径。正是在全面建成小康社会的征途上，我们逐渐告别先富带动后富，进入共同富裕的阶段。

全面建成小康社会要求我们在推动改革发展的每一步，时刻铭记以人为本，统筹推进"五位一体"总体布局，确保经济、政治、文化、社会、生态文明建设在全面建成小康社会的统摄下，相辅相成、彼此联系、共同促进、协调发展，共同向实现社会主义现代化的伟大目标挺进。

全面建成小康社会是"五位一体"的全面进步。第一，要从根本上转变经济增长方式，提高经济发展的质量，突破中国在全球价值链中低端分工的旧有束缚，摘掉中国大而不强的帽子，实现从世界经济大国向世界经济强国的根本性转变。第二，建设社会主义民主国家，在政治文明建设上取得长足进步。第三，建设社会主义和谐社会，让人民在社会建设中感受到民生福祉。第四，建设社会主义文化强国，为中华民族筑魂魄，聚民心，实现社会主义文化大繁荣、大发展。第五，建设绿色中国、美丽中国，生态是最普惠的福祉，要为人民提供更优质的生态服务与产品。

2015年2月，习近平总书记在省部级主要领导干部学习贯彻十八届四中全会精神全面推进依法治国专题研讨班开班式上发表重要讲话。在讲话中他深刻地阐释了"四个全面"战略布局之间的逻辑关系："党的十八大以来，党中央从坚持和发展中国特色社会主义全局出发，提出并形成了全面建成小康社会、全面深化改革、全面依法治国、全面从严治党的战略布局。这个战略布局，既有战略目标，也有战略举措，每一个'全面'都具有重大战略意义。全面建成小康社会是我们的战略目标，全面深化改革、全面依法治国、全面从严治党是三大战略举措。"① 由此可见，全面建成小康社会是"四个全面"战略布局的龙头，居于总揽全局的地位，并以此为战略目标引领其他三个方面协调作用，共同推进社会主义现代化的整体进程。

第一节　全面深化改革为实现全面建成小康社会注入强大动力

新时代进入全面建成小康社会的决胜阶段，我们必须坚定地以全面深化改革为方法路径，进一步解放思想、打开思路、冲破思想中的束缚与实践中的禁锢，全面解放和发展社会生产力，破除各方面体制机制上的阻碍因素，为推进全面建成小康社会提供强大动力和坚强保障。

改革发展是系统性的、整体性的、协同性的工程，要在加快发展既有活力又有秩序的社会主义市场经济、清明的民主政治、繁荣的先进文化、和谐均衡的社会、绿色美丽的生态中将改革落到实处。2018

---

① 《习近平关于全面依法治国论述摘编》，中央文献出版社2015年版，第14页。

第二章
全面建成小康社会引领"四个全面"战略布局的发展

年9月20日,习近平总书记在中央全面深化改革委员会第四次会议上的讲话中指出,改革重在落实,也难在落实。改革进行到今天,抓改革、抓落实的有利条件越来越多,改革的思想基础、实践基础、制度基础、民心基础更加坚实,要投入更多精力、下更大气力抓落实,加强领导,科学统筹,狠抓落实,把改革重点放到解决实际问题上来。[①]

第一,以经济工作为中心,始终保证经济发展的基础地位不动摇,通过深化经济体制改革,剥离经济工作中的陈腐糟粕,清除阻碍经济发展的体制机制弊端,实现经济又好又快的高质量发展。

第二,要深化政治体制改革,推进社会主义民主政治在规范上、制度上与程序上发展优化,将实施宪法摆到全面依法治国的突出位置,依宪治国,依法治国,建设社会主义法治国家,让人民群众在科学立法、公正司法、严格执法与守法中感受公平正义,贯彻社会主义政治文明建设的人民性,稳固社会主义政治文明建设的群众基础。

第三,要深化文化体制改革。以铸魂育人为价值追求,为国家的建设与发展培育祖国的未来与希望,坚持中国特色社会主义文化自信,坚持推动中国特色社会主义文化大发展大繁荣,构建文化强国。

第四,要深化社会体制改革,公正收入分配制度,推进基本公共服务均等化,缩小区域间、城乡间基本公共服务的差异,补齐短板,重点解决关乎人民群众现实利益的问题,提高人民生活品质,满足人民群众对美好生活的需求,使共同富裕不仅表现在经济发展上,也表现在民生福祉中,让人民群众有更多的获得感、幸福感和安全感。

第五,要积极建设生态文明,深化生态文明体制机制改革。"生态环境是关系党的使命宗旨的重大政治问题,也是关系民生的重大社

---
① 《习近平谈治国理政》第3卷,外文出版社2020年版,第177—178页。

会问题。"①生态文明思想体现了中国共产党从"四位一体"到"五位一体"的重大理论创新与实践突破,表明了全面建成小康社会发展理念和发展方式的深刻转变。

第六,加强党的领导,科学执政、民主执政、依法执政,以重整行装再出发的勇气,以永远在路上的信念,执着推进全面从严治党,将党的自我革命引向深入。

全面建成小康社会,是实现社会主义现代化发展战略的阶段性目标,是中国共产党治国理政的重要内容,是全面深化改革的目标指引。我们应当以全面建成小康社会为战略目标,部署规划各项改革要求,抓好全面深化改革各项任务的具体落实,保障改革的系统性、整体性、协同性与统筹性,加大推进重要领域和关键环节的改革力度,力保抓出成效,抓出功绩。以钉钉子的精神,将一张蓝图绘到底,让改革成果惠及广泛的人民群众。

第二节 全面依法治国为实现全面建成小康社会保驾护航

2014年10月,党的十八届四中全会审议通过了《中共中央关于全面推进依法治国若干重大问题的决定》。决定从高处着眼,高瞻远瞩地明确了"全面推进依法治国,总目标是建设中国特色社会主义法治体系,建设社会主义法治国家。"②全面依法治国是中国共产党领导人民治理国家的基本方式。在宪法和法律中,反映了党的主张与人民的意志,体现了党的领导方向与人民的意愿。党领导人民按照程序制定宪法和法律,按照宪法和法律的指引活动,在宪法和法律的范围内活动。

---

①《习近平谈治国理政》第3卷,外文出版社2020年版,第359页。
②《中国共产党第十八届中央委员会第四次全体会议文件汇编》,人民出版社2014年版,第21页。

可以说，全面依法治国不仅对党的领导形成法治保障，又从制度上保障了人民当家作主的地位与权力。弘扬法治精神，以尊重和保障人权为价值指引，保证人民依法享有广泛权利与自由，与党和国家一道自觉维护社会公平正义，实现党和国家各项工作的民主化与法治化。

一、全面依法治国是全面建成小康社会的基本内容与条件

"四个全面"战略布局是一个有机整体，全面建成小康社会居于龙头与目标的地位，起到总揽全局的作用。其他三个全面要紧紧围绕，始终服务于全面建成小康社会这个中心战略目标。

全面依法治国是决胜全面建成小康社会的基本条件和法治保障，构成了全面建成小康社会的重要内容。假如一个社会不具备与经济发展相匹配的民主化与法治化的程度和水平，则无法保障经济发展的持续性与动力性，任何发展都只会是浮华一片，虚假繁荣。缺乏法治与民主支撑的社会是脆弱的，是不稳定的，无法实现健康和谐发展。

通过全面推进依法治国，不断提高我国法治水平，培育人民的法治理念，不断扩大人民民主，才能为市场经济的良性有序平稳健康运行提供法治保障。这既是全面建成小康社会的题中应有之义，也是法治中国的重要内涵，更是中国特色社会主义进入新时代的伟大航程扬帆远行的内在发展逻辑。

《中共中央关于全面推进依法治国若干重大问题的决定》指出，"全面建成小康社会、实现中华民族伟大复兴的中国梦，全面深化改革、完善和发展中国特色社会主义制度，提高党的执政能力和执政水平，必须全面推进依法治国。"[①] 全面推进依法治国是全面建成小康社会伟

---

① 《中国共产党第十八届中央委员会第四次全体会议文件汇编》，人民出版社2014年版，第14页。

大实践的重要保障，是全面建成小康社会的重要内涵，是全面建成小康社会不可或缺的实现路径，是全面建成小康社会的法治支柱，是全面建成小康社会的制度基础。

全面建成小康社会是一项复杂的系统工程，全面、均衡、协调表现在社会主义现代化的方方面面。全面建成小康社会是一个艰巨的历史过程，面临来自国际国内的多重挑战，需要清除各项体制机制中的陈旧弊端，必须补齐社会建设中的各类短板，实施各项推动生产力发展的创新实践。而这一切，都需要齐备科学、现实有效、公正公平的法治体系作为保障。以建设富强民主文明和谐美丽的社会主义现代化强国为目标，决胜全面建成小康社会，全面推进依法治国，必须全方位加强法治体系建设，实现科学立法、严格执法、公正司法、全民守法协调发展。在国家治理上，体现依法治国、依法执政、依法行政的整体推进，切实有效提高国家治理体系和治理能力现代化，为全面建成小康社会提供可靠的法治依据、稳定的政治环境、整体协调的制度保障。

二、全面建成小康社会是依法治国的重要目标与价值追求

全面建成小康社会是我们党基于改革开放伟大实践和取得的历史性成就提出的第一个百年目标。为了服务于这个重大的阶段性目标，以习近平同志为核心的党中央在全面建成小康社会的基础上先后提出了全面深化改革、全面依法治国和全面从严治党的"三个全面"战略举措，形成了"四个全面"的战略布局。

改革进入攻坚期和深水区，法治中国是全面建设的重要环节。全面深化改革需要遵照法治原则，按照法律规定，合法、合理、有序地进行。

全面从严治党，要保证党依法执政，依宪执政。全面依法治国是全面建成小康社会的重要保障。

"立善法于天下，则天下治；立善法于一国，则一国治。"在全面建成小康社会的决胜时刻，国家肩负的改革发展稳定的任务前所未有的重大，面临的矛盾风险挑战前所未有的繁多，需要满足的人民群众诉求与愿望前所未有的丰富，必须以善法为定盘的准心，以善治为公平的梁柱。从战略全局的视角和长期发展的眼光来看，必须认真领会到法治是党治国理政的基本方式，是人民参与国家管理与社会治理的基本途径。全面推进依法治国，是对国家治理的一场深刻革命，对决胜全面建成小康社会具有不可替代的重大意义。

2014年，党的十八届四中全会上，党中央指出到2020年，"依法治国基本方略全面落实，法治政府基本建成，司法公信力不断提高，人权得到切实尊重和保障"。[①] 全面依法治国的时间节点与全面建成小康社会相一致，正说明二者引领与保障的协同发展关系。决胜全面建成小康社会，改革进入攻坚期与深水区，唯有更加突出依法治国基本方略在党和国家工作中的作用与地位，方能更加有力地实现坚持党的领导、人民当家作主、依法治国的三者有机统一。

第三节　全面从严治党是全面建成小康社会的根本政治保证

不忘初心，方得始终。必须加强全面从严治党，发挥党在全面建成小康社会过程中的压舱石、定盘星作用，展开新作为，开创新局面。

[①]《中国共产党第十八届中央委员会第四次全体会议文件汇编》，人民出版社2014年版，第68页。

一、全面建成小康社会体现全面从严治党以人民为中心的根本立场

全面建成小康社会思想是中国共产党在继承、发扬与创新马克思主义科学理论基础上做出的重大战略部署,是中国共产党不断加强自身建设、铸就理想信念、锻造筋骨架构、不断推动理论与实践创新的结果。全面建成小康社会,出发点与落脚点都在是否能够在解放和发展生产力的基础上改善人民生活条件,提升人民生活水平,保障人民发展前景。全面建成小康社会是要与人民共情,关注人民的现实处境,通过社会的全面进步,为人的自由全面发展创造条件,践行共产党为人民服务的宗旨与情怀。

一切发展为了人民,一切发展依靠人民,一切发展成果由人民共享,既是全面建成小康社会的价值追求,也体现了马克思主义的精神实质,体现了中国共产党以人民为中心的根本立场。

全面建成小康社会之所以能够与中国共产党的根本价值追求与人民立场相一致,首要的原因在于它继承和发扬了马克思主义唯物史观的基本立场。全面建成小康社会是马克思主义与中国社会发展实际相结合,在社会主义社会发展过程中的创新运用,也是中国共产党认真总结古今中外社会建设的历史经验与教训,客观分析我国社会生产力发展特征与状态所制定的科学目标与战略。全面建成小康社会的基本立场和指导方法正是马克思主义唯物史观。

全面建成小康社会思想不是无本之木、无源之水,是立足于社会主义现代化波澜壮阔的伟大建设和改革开放砥砺奋进的实践开拓之上的,在实践中不断改进、不断创新、不断发展。全面建成小康社会完整地体现了马克思主义强调通过实践改变世界的思想精髓。

回顾小康社会思想萌发、形成、成熟与发展的曲折历程，不难发现，中国共产党之所以将全面建成小康社会确定为现代化建设重要的阶段性目标和中国社会发展的宏伟蓝图，根源正是中国共产党以马克思主义科学理论为指导，领导全国人民不断投身社会主义现代化建设的伟大实践。

二、全面从严治党引领全面建成小康社会的发展方向

决胜全面建成小康社会，坚持正确的方向是根本前提。中国特色社会主义是中国经济社会发展进步的根本方向。打铁还需自身硬。能不能沿着中国特色社会主义方向前行，不断夺取社会主义建设新胜利，根本保证在于能否坚持全面从严治党，坚持将党的自我革命引向深入，把中国共产党锻造成中国特色社会主义伟大事业的坚强领导核心。

全面建成小康社会是中国特色社会主义伟大事业的重要组成部分，因此，全面从严治党同样引领着全面建成小康社会的伟大实践。

方向是旗帜，保障前行路径的正确选择；方向是明灯，驱散前行道路上的迷雾困惑；方向是信心，不断为前行鼓足勇气；方向是底气，带领人民托举伟大梦想。因此，能否决胜全面建成小康社会，方向问题至关重要。

全面建成小康社会是中国共产党在新时代带领人民进行的中国特色社会主义建设的伟大实践，其根本目标就是通过不断改革创新，解放和发展社会生产力，解决发展中不平衡、不充分的问题，不断满足人民群众对美好生活的需要，不断维护好社会的公平正义，不断提高社会主义国家综合国力和国际竞争力，为实现中华民族伟大复兴的中国梦奠定坚实基础。

全面建成小康社会

改革开放40多年以来，我国在中国特色社会主义的正确方向上勇往直前，行得坚定；在实现社会主义现代化的历程中披荆斩棘，踏得坚实；在全面建成小康社会的伟大征程中破浪前行，走得平稳。中国之所以在前所未有的时代巨变中能够坚持和发展社会主义，牢固树立中国特色社会主义的正确方向，根本原因在于不断坚持从严治党管党，坚持把党建设成为中国特色社会主义伟大事业的坚强领导核心，坚持党的政治领导，把握正确的政治方向，贯彻正确的政治路线。

中国特色社会主义进入新时代，党情、国情、世情前所未有地复杂交织在一起，世界政治经济格局大动荡大调整，社会利益格局快速变化，思想观念激烈碰撞，决胜全面建成小康社会之后，下一步该如何走，该如何在实现社会主义现代化的道路上继续前行，依然取决于举什么旗帜、坚持什么方向、选择什么样的道路。

全面从严治党是全面建成小康社会重要的政治保证和方向保证。任何一项伟大的事业，都要经过对正确目标和路径选择的艰难抉择。全面建成小康社会的目标是光明的，但道路是曲折的。我国在全面建成小康社会的道路上不断遇到，也必将继续遇到复杂交织的新问题、新挑战和新矛盾，进步就是在这样面对挑战中磨砺而出的。随着我国经济、政治、文化、社会和生态文明"五位一体"总体布局建设的不断发展完善，社会民生福祉不断提高，人民对社会建设的满意度不断提高，都表明我们正不断接近全面建成小康社会的宏伟目标，不断接近社会主义现代化的伟大目标，不断接近中华民族伟大复兴的中国梦的实现。

"两岸猿声啼不住，轻舟已过万重山。"无论是国际上，还是国内，总有一些人对中国是否走的是社会主义道路心存疑惑。甚至还有一些杂音不绝于耳，怀着不轨之心借中国正常发展中遇到的个别问题大做文章，甚至污蔑中国搞的是所谓"新官僚资本主义"或"国家资本主

第二章
全面建成小康社会引领"四个全面"战略布局的发展

义"。有些疑问是正常的理论思考，正确面对这样善意出发点的疑问，能够促使中国特色社会主义不断审视自身，深化改革，创新发展。但也有不少质疑是怀揣着基于意识形态差异的恶意，目的在于混淆视听，在国际上用错误的舆论对中国施压，否定社会主义的发展道路和污蔑共产党的领导，妄图阻止中国发展。面对前所未有复杂的舆论纷扰和思潮冲击，我们更应该保持战略定力，胸怀两个大局，把自己的事情做好。中国特色社会主义是开放发展的思想体系，既继承发展中华优秀传统文化，又不排斥外来优秀文化的有益借鉴，但是其精髓内核是马克思主义与中国实际相结合的中国特色社会主义理论体系。习近平新时代中国特色社会主义思想是21世纪的马克思主义，是马克思主义中国化的最新成果。在任何时候，中国的指导思想都不会脱离马克思主义中国化这一关键内核。因此，我们要坚定地秉持社会主义方向不偏离，坚定保持社会主义底色不褪色，把握住社会主义的灵魂不动摇，我们就能保证全面建成小康社会的发展不偏航、不变质。

进入全面建成小康社会决胜阶段，进入从站起来到富起来，再到强起来的新时代，进入日益走近世界舞台中央，不断为人类社会做出更大贡献的新时代，进入为满足人民日益增长的美好生活需要而奋斗的新时代，进入建设富强民主文明和谐美丽的社会主义现代化强国的新时代，我们更应该紧密团结在以习近平同志为核心的党中央周围，自觉增强"四个意识"、坚定"四个自信"、做到"两个维护"，全面从严管党治党，保持党内思想协调统一、组织健全系统、党风清正廉洁、制度完善齐备。只有这样，中国人民才能在中国共产党的领导下，不惧一切风浪，不畏前途艰险，不怕荆棘阻碍，保持战略定力，朝着既定的光明方向和伟大目标，心无旁骛，踏浪前行。

三、全面从严治党为全面建成小康社会提供坚强政治保证

决胜全面建成小康社会，是中国共产党"两个一百年"目标的第一个，是验证改革开放成果的关键时刻，是检验党执政兴国的重要标准，是否能够实现这一宏伟目标，决定着中华民族伟大复兴的中国梦的实现。全面建成小康社会宏伟目标的实现，是中国经济社会发展的强劲动力，是中国特色社会主义事业的重大胜利，也是关乎整个世界经济、全球格局和治理体系的重大事件，是具有划时代意义的里程碑。

因此，全面建成小康社会必然对作为坚强领导核心的中国共产党提出更为严格的要求，更为殷切的期盼，更为迫切的需要。中国共产党作为全面建成小康社会伟大事业的领导核心与关键力量，在思想、政治、作风、反腐倡廉及制度方面如果出现任何重大问题，必将动摇党的领导，影响党的形象，瓦解党的凝聚力、感召力和战斗力，进而影响全面建成小康社会的伟大进程和实践成效。

新时代决胜全面建成小康社会，对全面从严治党提出的新要求不仅表现为中国共产党要领导中国人民不断在推动中国经济社会发展进步中迎接新挑战、取得新成就、化解新风险、完成新任务，还体现为党必须不断适应新形势、接受新变化、投身新实践、潜心新创造，在党的自身建设上更加全面、更加严格。全面建成小康社会是一个全局性、系统性、整体性、协调性的发展目标，涉及经济、政治、文化、社会和生态文明的方方面面，如果作为决胜全面建成小康社会的领导核心在自身建设的要求上做不到全面，在对自身建设管理上做不到严格，则会发生个别干部在领导能力上的不足，在治理水平上的欠缺，在对待群众上的脱离与凌驾行为，长此以往，若不加纠正与管理，将会影响到全面建成小康社会的整体进程。要确保全面建成小康社会的总目

标不会发生偏差，道路不会发生偏离，必须从严治党，"要把党建设成为始终走在时代前列、人民衷心拥护、勇于自我革命、经得起各种风浪考验、朝气蓬勃的马克思主义执政党"。[①]

全面从严治党是"四个全面"战略布局的重要组成部分，是实现全面建成小康社会的战略措施，是以习近平同志为核心的党中央立足党情、国情和世情，总结历史经验与教训、借鉴国外的有益经验，在展望未来的基础上做出的重大的科学决策，是党统筹建设中国特色社会主义经济、政治、文化、社会和生态文明各个方面的顶层设计和整体部署。

全面从严治党，一方面是中国共产党作为执政党和领导核心对自身建设提出的自我革命的严格要求；另一方面为全面建成小康社会、全面深化改革和全面依法治国提供了坚强政治保证。将全面从严治党纳入"四个全面"战略布局，充分体现了党对推进中国特色社会主义伟大事业发展的舍我其谁的使命意识、勇挑重担的责任意识，体现了党在实现"两个一百年"奋斗目标过程中砥砺奋进、勇于拼搏的勇气与一往无前、励精图治的精神气质。

随着全面深化改革的不断推进，随着全面建成小康社会进入决胜阶段，我国经济、政治、文化、社会、生态文明等领域的改革进入风急浪险的深水区，啃硬骨头的攻坚期，必须坚持党的领导，完善党的建设，牢牢顶住经济下行压力，转换经济发展方式，调整社会发展结构，积极创新升级。与此同时，全面建成小康社会成功与否要看人民满意不满意，人民赞成不赞成，人民认可不认可，必须顺应人民群众对美好生活的期盼与向往，提高人民物质文化生活水平，进一步提高发展的充分度和均衡度，促进经济高质量发展，保障社会公平正义，促进

[①]《习近平谈治国理政》第3卷，外文出版社2020年版，第531页。

文化持续繁荣，推进社会和谐稳定、实现人与自然和谐共生，实现人民共同富裕。

只有坚持和加强党的领导，坚持全面从严治党，不断提高党的创造力、凝聚力、战斗力，才能为全面建成小康社会保驾护航，为如期完成各项目标提供坚强政治保证。

第三章
新发展理念视域下决胜全面建成小康社会

新发展理念是习近平新时代中国特色社会主义思想的重要组成部分，是全面建成小康社会决胜阶段引领经济社会发展的强大思想武器。"中国是世界上最大的发展中国家，发展是解决中国所有问题的关键。"①以什么样的发展理念指引行动，选择什么样的发展路径，决定着发展的效果和前景。由于发展是不断变化的过程，因此，发展所处的环境会发生变化，指导发展的理念也会发生变化。必须用不断发展的理念来指导不断发展的过程，再根据不断发展的客观进程来改革创新发展理念，达到两者良性互动、彼此促进的目的。

纵观人类历史，达尔文进化论打破了历史循环论的陈旧思维定式，打开了人类社会向前发展的大门。进入工业化时期，发展被狭窄地理解为单向度的经济增长，虽然凭借技术进步和科学创新，人类创造了物质文明史上前所未有的成就，但由于其过去倚重功利主义的价值导向，以工具理性来指引发展，从而忽视了人的价值与生态环境，使人与自然界沦为实现发展的工具。随着社会进步，人们在品尝单向度经济发展带来的成果的同时，也被迫吞下了自然界与人自身被异化的苦果。20世纪80年代，人们开始反思之前单纯追求经济发展的错误，1987年世界环境与发展委员会在题为《我们的共同未来》的报告中首次提出了可持续发展概念，标志着人类在发展问题上的转向，而这也成为改革开放以来，中国指导经济社会发展的根本导向。在可持续发展的观念中，经济与政治、社会、文化等协调起来发展，既体现了经济在社会进步中的基础性作用，又以社会全面发展来保证经济在正确的、丰富多维度的层面进步，从而促进社会整体进步。在2006年12月召开的中央经济工作会议和2007年3月召开的全国人大十届五次会议上所做的《2007年国务院政府工作报告》中，努力实现国民经济"又

---

① 习近平：《让工程科技造福人类、创造未来》，《人民日报》2014年6月4日。

好又快"发展成为新的发展理念。这一提法将科学发展观与可持续发展的核心内涵用一个言简意赅的"好"字来概括,且将"好"置于"快"之前,不仅反映了中国共产党带领人民探索发展道路的艰辛历程,更体现了中国社会发展理念的大变革。

党的十八大以来,中国特色社会主义进入新时代,内外部环境发生深刻变化,国际国内两个大局前所未有地融汇在一起,成为中国社会改革发展的重要前提,对中国社会发展理念提出了新的要求。2015年10月29日,习近平总书记在党的十八届五中全会第二次全体会议上指出:"发展理念是战略性、纲领性、引领性的东西,是发展思路、发展方向、发展着力点的集中体现。发展理念搞对了,目标任务就好定了,政策举措跟着也就好定了。"[①] 党中央在深刻分析国内外发展经验与发展趋势的基础上,深刻总结我国经济社会发展理念的成就与教训、优点与不足,准确把握住了社会发展规律的脉搏,针对我国在新时代发展中面对的突出矛盾和问题,科学地提出了创新、协调、绿色、开放和共享的新发展理念,体现了中国共产党在平衡经济发展、社会全面进步、生态保护、人类前途命运以及人类价值上做的重要努力,既具有应对新时代发展特征的现实性,也不忘马克思主义对人类命运的关切、对人类价值的高扬。

在决胜全面建成小康社会的关键阶段,坚持贯彻新发展理念至关重要。创新发展理念是决胜全面建成小康社会的第一动力,协调发展理念是决胜全面建成小康社会的路径方法,绿色发展理念是决胜全面建成小康社会的发展方向,开放发展理念是决胜全面建成小康社会的必要举措,共享发展理念体现了决胜全面建成小康社会的最终归宿。我们必须深入贯彻新发展理念,紧扣时代特征与社会主要矛盾变化,

---

[①]《习近平谈治国理政》第2卷,外文出版社2017年版,第197页。

让新发展理念发挥对经济社会建设的重要指导作用。

第一节　创新发展是决胜全面建成小康社会的动力

创新理念的提出是为了解决发展动力的问题。改革开放以来，我国始终秉持科技是第一生产力的观念指导社会发展。科技的进步说到底就是科技的创新，因此在这个意义上，创新是引领社会发展的第一动力。改革开放自身就是一场以革新为生命的伟大革命，创新就是改革开放的内在灵魂。当代中国的伟大成就，就是在不断革新观念，创造出更符合实践发展与需求的科学理念的过程中取得的。

改革开放40多年来，我国积累了坚实的物质基础，拥有了众多在持续创新下获得的科技成果，极大促进了生产力的发展，为我国实施创新驱动战略提供了良好的条件。但是我们也要看到，我国在高精尖领域的创新能力相对不足，和发达国家相比还有较大差距，这就影响了创新总体水平的提升，从而影响了科技对经济增长的贡献率。习近平总书记将我国在创新方面被掣肘的现状比喻为"阿喀琉斯之踵"。为了使经济社会能够持续稳健向好，能够在危机来临之时有足够的储备应对风险，必须补齐短板，将科技创新搞上去，实现发展动力的转换。

"科技是国家强盛之基，创新是民族进步之魂。"[1]作为发展的第一动力和生命力，创新是推动一个国家和民族不断向前发展的重要力量，是克服前路险阻的坚强利器。党的十八大以来，中国特色社会主义进入新时代，新时代提出新要求，创新理念被提到前所未有的高度。党中央致力于用创新理念来引领经济增长、政治体制、文化繁荣、社会治理、生态保护以及科技进步等各个方面与重要环节。如果我们将

---

[1]《习近平关于科技创新论述摘编》，中央文献出版社2016年版，第27页。

第三章
新发展理念视域下决胜全面建成小康社会

传统发展比喻为简单的加法，那么创新发展就是做乘法乃至乘方。正确科学的创新加速度带给社会发展的推动力难以估量。

新发展理念将创新发展置于首位，表明党中央对创新的极端重视。传统发展更执着于眼前问题，头痛医头，脚痛医脚，没有从结构上、动力转换上给予发展新的升级。"牢骚太盛防肠断，风物长宜放眼量"，发展需要脚踏实地，如果每一步都是被动应对矛盾与风险的话，则容易陷入短视，对事物的长远发展往往思虑不足。"人无远虑，必有近忧"，单纯倚重经济杠杆不可避免地会带来生态环境的破坏、区域发展的不均衡不充分以及人们思想道德的滑坡等严重问题。而创新发展则不同，出发点是通观全局的顶层设计，切入点是解决动力转化和机构优化升级，保障线是社会全面、均衡与充分发展。正是这样的优势，决定了创新发展是中国发展的关键一招，对决胜全面建成小康社会具有决定性意义。

一、创新发展是把握国内外两个大局，以我为主的必然选择

中国的发展不再是小池塘里的自我陶醉，而是在世界经济大海中的破浪遨游。敞开胸怀，既是格局，也是勇气，更需要底气。底气源于不断开拓创新，应对发展环境的各种变化，宠辱不惊，以我为主，苦练内功，增强内在动力，在变换中始终占据发展的主动权，更好更积极地引领经济高质量发展与全面建成小康社会的伟大实践。

一方面，从世界范围来看，新一轮科技革命与产业革命风起云涌，时代赋予科技最好的变革时机，谁抓得住时机，谁就能抢占先机，就能化危机为胜机，在世界竞争中胜出。与以往基于工业需要的创新不同，新一轮的科技革命更具有引领性，有很多产业是基于创新才涌现出来的。可以说，新一轮的科技革命不仅具有对生产力的推动性，更具有

对生产布局的掌控力。在信息技术的引领下，新材料、新能源、生物科技等技术集群获得了规模性的突破，重大的、颠覆性的创造层出不穷，不断刷新人类对世界的见解与预知。人类真正进入知识大爆炸、大升级的时代。正是在创新科技的带动下，绿色的、智能的、分享性的经济结构大量涌现，互相渗透，交叉融合，不断打破旧有格局，重塑全球经济结构与战略格局。新技术在技术本身升级之外引起的作用和地位的升级，正在一步一步改变国家综合国力的对比，成为重塑世界经济结构、发展地位与竞争关系的关键，进而对国际经济、政治、安全、军事、外交等产生深远影响。在国与国的较量中，谁能抢到创新的先手，谁就能在竞争中占得主动，赢得先机。中美贸易摩擦与疫情时代美国对中国不公正的挑衅与制裁，都反映出了发达国家对科技创新变局的重视和对中国在内的发展中国家强劲后发势头的警惕。美国一再在我国高新科技企业的发展上设置障碍，进行经济乃至政治上的不公正打压，恰恰说明了高科技产业和高新技术领域的竞争已经到了不容有失、时不我待的白热化状态。因此，在全面建成小康社会的决胜阶段，必须在保持传统竞争优势的基础上，补齐科技上的短板，独立自主，破除科技受制于人的魔咒。

另一方面，从国内看，决胜全面建成小康社会的本质要求之一就是要用创新驱动发展。中国经济进入新常态，经济社会发展不平衡、不充分的矛盾已经成为经济发展的主要矛盾。产业结构改革与升级虽有成效，却一直难以实现产业层次由中低向中高的顺畅转换，面临着前有封堵、后有追兵的"三明治陷阱"。改革开放40多年来，中国依靠前期密集劳动力、资源消耗和"世界工厂"迎来的"比较优势"和"后发优势"渐渐消失，被许多更加后发的国家取代，如越南、孟加拉国等，他们正在用更加低廉的成本来争取中国原有的市场份额。这一方面是他们国家自主的路径选择，另一方面也在于发达国家对中国的有意打压。在这样的情况下，创新科技不仅是中国的主动选择，也是必然选择。中国亟待改变核心技术上受制于人，重要关键行业的核心部件与精密设备依赖进口的现状，不能授人以柄，将价值链利益分配的权力交给他人。为此，中国经济必须经过痛苦的"蝶变"，勇敢地走出舒适区，放眼全局和着眼长远，舍弃短期经济利益，从国家、民族、行业的整体利益出发，推动发展方式从要素驱动向创新驱动转化，从规模扩张向经济质量提升转变。

二、积极探索创新发展能力的提升路径

创新发展能力的核心是自主创新能力和对关键核心技术的掌控。在我国，科技创新的整体路径是以企业为主体，以市场需求为导向，加大产学研一体化建设，以技术创新为突破口，深化科技体制与机制改革，破除创新过程中的主客观障碍，全面推进国家创新体系建设。

（一）固本强基，加大融合

基础研究是原始创新的基础。科技上爆炸式的进步往往源于实验室里的一场不经意的实验。创新是没有固定路径可循的，但创新更不是天马行空的漫谈，必须在一次次的基础性研究中获取细微的灵感，在细微的改变之下可能带来思维的颠覆、行业的变革。因此，中国独立自主的科技革命与创新，不是对外来技术的借用，更不是夸夸其谈的想象，而是必须建立在踏踏实实的基础研究之上的突破，所有的创新都要经过艰辛的耕耘，才有可能收获。

固本强基是基础，加大融合是关键。无论是基础学科还是科技创新，都不能单打独斗式地发展，必须在交叉前沿的融合中才能发挥出更大的作用。我们要加强对重点学科自由探索的支持，切实保障重大交叉

前沿领域能够时刻紧跟时代前沿，融会贯通，产生质的飞跃。我们要在强化创新源头的同时，围绕世界科学的前瞻性发展，及时针对国家战略需求，建设一批具有国际领先水平的科研基地，推动与此相关的一批高水平的科研院所与大专院校实施相关的科技项目，在重点领域组建有世界水平的国家实验室，加大科技方面的基础设施建设，从而培育具有创新精神、创新意识、创新勇气、创新能力的优秀团队。

（二）坚持前沿导向，突破重大技术

创新不是面面俱到，要抓住重点，采取差异化策略，实施非对称性措施，加大力量突破关键环节与核心技术。时刻追踪国际科技发展前沿，在新一代科技革命的范围内面向未来，把握先机，尽快部署并且及时启动以新核心技术为生长点的重大科技项目，紧扣国家需求，在国家战略的优先领域率先取得突破，从而带动整个国家创新驱动战略的起飞。

（三）努力激发企业的研发积极性与能力

产学研一体化，产位列最前，可以说企业在每一次的科技创新中都起到了科技转化为动力的主体作用。通过鼓励企业自主围绕市场需求，以市场配置为导向，以国内外科技形势为依据，激发企业创新担当意识，成为技术创新的决策者、研发的投入者、科研活动开展主体与成果转化的领头人。一方面培育具有国际竞争力的领军企业，建立健全创新追踪、技术研发、产品升级和成果转化等机制，加大对有竞争潜力的企业的扶持。另一方面，在科技型中小企业的培育上不松劲，要发挥中小企业在体量小、转型灵活上的优势，引导它们朝专业化、精细化、特色化、新颖化方向发展。

（四）理顺政企关系，畅通科技转化

坚持加强创新驱动战略是党和国家的重大战略，以创新作为重要引擎带动经济发展是政府的重要职责之一。科技如何顺畅地转化为生产，是发挥创新作为发展第一动力的关键，其中，政府和企业关系的理顺尤为重要。我们要通过深化改革，简政放权，取消不必要的行政审批手续，减少政府对微观经济活动不必要的干预，让市场充分发挥创新资源配置的基础性作用，促进科技创新公平竞争，打通科技与经济社会之间的关节。

三、改革机制，形成有效保障创新的激励机制

创新不是无本之木、无源之水。创新的蓬勃发展需要丰厚的培育土壤与养料。其中最重要、最直接的土壤环境是创新制度，而养料则是创新激励。制度安排合理不合理、制度设计实用不实用、激励机制公平不公平，将直接影响创新发展的进程与效果。改革机制，排除机制上阻碍创新发展的因素，才能为创新发展保驾护航。

全面建成小康社会，必须建立健全创新保护机制。创新属于智力劳动的范畴，需要知识产权的保护。知识产权制度的确立，其价值就在于保护创新的主体性与积极性，表明社会对智力劳动的尊重与对人才培养的重视。一旦劳动人民创造的主体地位得到充分的保障，智力劳动的权利得到合理的支持，必将激发出劳动人民蕴含的强大的主动性与创造力，从而形成广泛而持久的、来自人民、回归于人民的持续性发展。因此，全面提升我国知识产权事业的发展水平和均衡性，加快知识产权的强国建设，正是全面建成小康社会的必然要求。

全面建成小康社会，必须完善对创新活动的财政金融激励制度。创新是艰苦的智力劳动，需要人力、财力、物力的投入，因此，加大财政倾斜，保障科研投入是非常重要的政策。我们要通过调整投入结构，采取诸如完善科技创新的税收政策、对企业研发费用加计抵扣、对高

新科技企业孵化的税收优惠等，发挥财政杠杆作用，走好走实金融对科技创新的支持路径。

全面建成小康社会，必须建立协同创新制度。创新活动往往涉及多学科、多部门，需要分享众多的创新资源和生产要素，因此，如何突破创新主体之间的壁垒非常重要。协同创新制度便是针对创新主体之间的隔膜，通过加强资本投入、人才资源、信息共享方面的协同建设，释放各方活力，将诸因素融会贯通，实现深度合作，形成多元主体间的协同互动，增加创新活力。

全面建成小康社会，必须加强人才队伍建设。创新的动力来自人才，人才储备的多寡与人才素质的高低，直接决定了一个国家创新的潜力。一定要下大力气培育和塑造高素质劳动力队伍，以科技领军人才为引领，共同推进生产力的创新驱动发展。

全面建成小康社会，必须完善合理的评价体系。人才的培育与积极性的激发，有赖于科研评价制度对人才创造性活动的合理反馈。我们要改变以往重数量、轻质量、重发表、轻应用的导向，努力引导人才主动在实践中创造发明，在创造发明中提升实践水平。就像习近平总书记所说的那样，"广大科技工作者要把论文写在祖国的大地上，把科技成果应用在实现现代化的伟大事业中。"[①] 不仅要从思想上锻造科技工作者为实践服务、为人民服务的信仰与品格，还要在制度体系上给予科技工作者积极性的保障与创造力的保护。

全面建成小康社会，必须建设开放包容的创新氛围。创新作为一种艰苦的智力劳动，本身就是一种对原有理论与实践的突破，本身就是寻找自由发展的一种人类活动，因此，创新活动需要宽松开放的环

[①] 习近平：《为建设世界科技强国而奋斗——在全国科技创新大会、两院院士大会、中国科协第九次全国代表大会上的讲话》，《人民日报》2016年6月1日。

境。首先,要让科研工作者在创新活动中感受到尊重,使得崇尚科学、争创一流自觉成为创新主体的意识与精神。其次,要让科研工作者在创新活动中得到自由,让他们敢于突破条条框框,敢于创造。再次,要让科研工作者在创新活动中得到宽容的对待,让他们勇于试错,勇于在不断的尝试中寻求创造的空间。

第二节 协调发展是决胜全面建成小康社会的路径

协调发展针对的是发展中存在的不平衡问题。中国社会发展不平衡不充分问题由来已久,已经成为新时代中国社会主要矛盾,突出地表现在城乡之间、区域之间、领域之间、产业之间,甚至精神文明与物质文明之间、经济发展与生态文明之间等。通过协调发展,保障社会发展机体的健康,克服"木桶效应",提高社会全面发展的整体性与协调性。

一、发挥协调发展的特点与优势

决胜全面建成小康社会,协调被摆在突出位置,体现了党对协调发展的深化认识,集中体现了马克思主义唯物辩证法对我国实际发展问题的方法论指导作用。

协调是整体论的重要概念,用通俗的话说就是全国一盘棋,体现了中国社会主义制度的优越性。协调发展对总体发展与综合效能的重视,契合了全面建成小康社会中的"全面"内涵。发展是复杂交织、多重运动的综合性的活动,根据矛盾主次关系的基本原理,发展会面临局面与全局的矛盾关系、当下与长远的矛盾关系、重点与非重点的矛盾关系、紧急与非紧急的矛盾关系等,协同发展就要将这些矛盾认真区分、合理定位，按照主次、轻重、缓急做出更有利于发展的战略选择。

从我国的具体国情而言，协同发展的重要切入点是城乡二元结构，通过协调城乡矛盾，坚决实施乡村振兴战略，促使城乡发展一体化，寻求"三农问题"的突破口。区域发展不平衡是影响全面建成小康社会的重要因素。协同发展就是要想方设法协调东中西部发展，加速相对落后区域的发展速度与提升相对落后区域的发展质量，使它们跟上总体发展的步伐，保障共同富裕目标的实现，促进小康社会发展的均衡与全面。物质文明与精神文明协同发展的重要作用在于通过经济繁荣促使文化繁荣，从而进一步凝聚人心、塑造民族精神与灵魂，让经济朝着更有利于人的全面发展方向发展。此外，社会生产新旧动能的转换也需要协同发展，旧的优势要保持，新的优势要挖掘，才能在整体上提升国家的自主创新能力，使经济发展的引擎动力更足。

协同发展具有自身独特的特点与优势。首先，协同发展兼具手段与目的于一身，既是发展的路径，也是衡量发展质量的标尺。因此，在协同发展的同时，我们能够更好地实现目的与手段的统一，保持工具性与价值性的统一。其次，协同发展蕴含着深刻的唯物辩证法的方法论，它是两点论与重点论的统一。国家发展一方面要着眼全局，保障全面，补齐短板，另一方面要时刻找寻发展优势，以先发带动后发，实现整体齐发。再次，协调体现了发展的动态性，均衡不是固定的状态，而是充满变化的动态，协同发展不是要铁板一块，一律拉齐，搞成吃大锅饭，而是要从各个区域、行业的优势出发，因地制宜、因时制宜，找寻短板与潜力之间的通道。

二、把握协调发展的重点举措

把握重点本身就是协调发展的精神实质与内在要求，找准优势力量，精准发力，是经济高质量发展的重要抓手。因此，我们要从经济形势的客观发展出发，找准现实需要，坚持问题导向，把回应客观需求作为切入点，把协调发展的理念贯彻在工作的各个环节，保障发展的整体协调性，形成平衡的发展格局。

区域差异是影响全面建成小康社会的重点矛盾。要切实从各区域的先决条件出发，寻找优势，把握特征，有针对性地促进生产力的优化布局，推动区域的协调发展。现在我国实施的"一带一路"建设、京津冀协同发展、粤港澳大湾区建设等，都是在协调发展理念指导下的重要实践。

城乡差异是长期困扰中国社会的发展短板，我国实施的乡村振兴战略就是着力解决发展不平衡的重要举措。在农村层面，坚持农业农村的优先发展，坚定贯彻产业兴旺、生态宜居、乡风文明、治理有效、生活富裕的总要求；在工业层面，坚持工业反哺农业，保证城乡公共资源的均衡合理配置，切实回应人民民生需要，推进农业农村现代化，让农村经济成为社会发展重要的协同力量与增长点。

物质文明与精神文明的协调发展对保持稳定和发展前景有着重要作用。社会主义先进文化与社会主义核心价值观对保持经济社会发展始终在正确道路上运行，始终服务于人的全面发展，推进人类社会整体文明有着重要影响。

第三节　绿色发展是决胜全面建成小康社会的方向

绿色发展的着眼点是解决人与自然之间的和谐相处问题，与"五位一体"总体布局中的生态文明建设有着内在的一致性。绿色、循环、低碳发展代表着新时代科技革命与产业变革的方向，是实现经济社会永续发展的必要条件。一方面，我国在绿色发展上有所欠缺，自然容量趋紧、生态系统退化和环境污染问题都威胁着全面小康社会的建成；另一方面，我国在绿色产业上有着相当大的发展潜力，人民对自然生态的渴求日益高涨，可以据此形成很多新的增长点。因此，全面建成小康社会，"必须坚持节约资源和保护环境的基本国策，坚定走生产发展、生活富裕、生态良好的文明发展道路，加快建设资源节约型、环境友好型社会，推进美丽中国建设，为全球生态安全作出新贡献。"[①]

一、绿色发展代表了社会发展方向

中国经济的永续发展必须以绿色发展为前提，绿色代表着生机，是大自然的底色。在绿色发展中，体现了人民群众对美好生活的向往与追求。"保护生态环境就应该而且必须成为发展的题中应有之义"[②]。

正如习近平总书记指出的，良好生态环境是最公平的公共产品，是最普惠的民生福祉。随着全面建成小康社会的深入推进，社会主要矛盾发生变化，人民群众对生活的要求从基本的温饱转变到总体小康再到全面小康，从对物质文化的需求到对美好生活的需要。无论是"全面"还是"美好"，都集中体现了时代对绿色发展的呼唤。2014年3月7日，习近平总书记在参加十二届全国人大二次会议贵州代表团审议时直接

[①]《习近平谈治国理政》第2卷，外文出版社2017年版，第199页。
[②]《习近平谈治国理政》第2卷，外文出版社2017年版，第392页。

将生态环境与小康社会建设联系在了一起,他指出:"小康全面不全面,生态环境质量是关键。"人民群众对空气质量、饮水安全、食品安全、环境美好都有着越来越高的需求,这也对我国发展提出了更加充分与更加平衡的要求。

民有所呼,党有所应。中国共产党全心全意为人民服务的宗旨决定了党每时每刻都要把人民满意与否、人民赞成与否放在心上。当人民的民生需求从"盼温饱"到"盼环保",发展目标从"求生存"到"求生态",党和国家第一时间将建设生态文明、坚持绿色发展作为当前社会发展的重点。生态文明作为"五位一体"总体布局之一被提出,体现了党对以往传统发展方式的反思、批判与超越,是以宽广的胸怀面对历史与未来,以长远的视野展望发展的前景,形成了新时代中国特色社会主义的生态自觉。

绿色发展不仅是全面建成小康社会的发展方向与价值导向,也代表着人类社会未来的发展方向。地球是人类共同且唯一的家园,地球环境的容量决定了人类社会发展的前景与走向。绿色发展以低能耗、低污染、低破坏的可持续性作为经济发展的主要模式,是对以往发展观的深刻革命。绿色发展是对人类解决生态危机迫切诉求的积极回应,是破解人类社会发展困局与难题的有效途径,是新的人民生产生活的增长点,也是经济社会持续健康向好发展的新的支撑点,代表了21世纪全球经济新的主流。

绿色发展理念的提出是中国共产党立足国内,放眼全球,牢记历史,面向未来,在可持续发展理念基础上总结升华出来的全新发展理念,既表明了党在战略层面对生态文明的认识论,也体现了党在突破生态困境时的方法论。"生态兴则文明兴,生态衰则文明衰"[①],生态从来

---

① 《习近平总书记系列重要讲话读本》,学习出版社2014年版,第121页。

就不是人类文明发展的对立面,人类社会发展不应该也不能够以牺牲生态为代价。生态文明从本质上具有与社会文明发展趋势内在的一致性,代表了社会未来发展的走向。人类历史无数的经验教训告诉我们,牺牲生态环境或许会换来经济一时的发展、社会短暂的繁荣,然而,长此以往,必将是文明消失的苦果。曾经和中华文明一样在历史长河中熠熠生辉的古巴比伦文明、古埃及文明及古印度文明,他们都在生态环境优越的河流与平原地区诞生、发展与繁荣。当自然眷顾他们时,他们是自然的宠儿,勤劳的人类创造了璀璨夺目的人类文明。然而,当人类不再顾忌自然的限制,一味挥霍自然的恩赐时,被破败的环境必将带来文明的衰落。可以说,文明的兴起与衰落,既取决于人的主观能动,也取决于自然的容量。在"五位一体"总体布局中,生态文明是其他四个建设的重要基础和基本前提。当生态文明无法承载其他文明的发展速度与容量时,必将成为社会发展最大的瓶颈与风险。

2017年12月,习近平总书记在中国共产党与世界政党高层对话会上发表题为《携手建设更加美好的世界》的主旨讲话指出:"我们应该共同呵护好地球家园,为了我们自己,也为了子孙后代。我们应该坚持人与自然共生共存的理念,像对待生命一样对待生态环境,对自然心存敬畏,尊重自然、顺应自然、保护自然,共同保护不可替代的地球家园,共同医治生态环境的累累伤痕,共同营造和谐宜居的人类家园,让自然生态休养生息,让人人都享有绿水青山。"[①]

绿色发展具有融合经济与社会和谐发展、人与自然和谐共生的包容力,体现了人类社会价值的丰富性。绿色发展用科学的理论和成功的实践表明人类的价值从来不是单一的物质发展,人类社会的价值也不是单一的经济增长。早在2005年8月,习近平同志担任浙江省委书

[①]《习近平谈治国理政》第3卷,外文出版社2020年版,第435页。

记时提出了著名的"两山论":"我们追求人与自然的和谐,经济与社会的和谐,通俗地讲,就是既要绿水青山,又要金山银山。"①"两山论"是绿色发展理念的理论基础,绿色发展是"两山论"指导具体实践的根本路径。"两山论"与绿色发展的内在一致性表现在它们摆脱了过去用排他性的眼光来看待经济发展与生态保护,反对将二者置于对立的局面,并进一步在金山银山与绿水青山,在经济发展与环境保护之间打开了一道通途,提出可以发展出兼顾经济利益与环境生态、兼具开放与保护的新路径。

传统经济发展模式往往以先污染后治理,甚至以末端治理来回避经济发展对生态环境的破坏,充斥着只顾自己、不顾他人,只看眼前、不顾子孙的自私自利。而中国的现代化从提出之日起就一再强调,在获取更多物质财富的同时,还要积累更多的生态财富,这既是为了我们共同生活的地球,也是为了我们的子孙后代。在经济利益与生态利益发生冲突时,要将生态利益放在优先位置,因为生态利益代表了人类社会的长远价值,保护生态环境就是保护长久的生产力。习近平总书记明确指出:"我们既要绿水青山,也要金山银山。宁要绿水青山,不要金山银山,而且绿水青山就是金山银山。"②

绿色发展是一场全方位、多层次的系统变革,是关涉社会治理方方面面的复杂的系统工程,"是发展观的一场深刻革命"③,必须继续坚持节约资源和保护环境的基本国策,以人民的福祉与期盼为指针,牢牢守住生态环境保护的底线,让经济社会发展符合自然规律。不断在发展中平衡经济与环境、平衡发展速度与社会效益,正确处理好眼前利益和长远利益、经济效益与民生福祉之间的关系,把绿色发展理

---

① 习近平:《之江新语》,浙江人民出版社2007年版,第153页。
② 《弘扬人民友谊 共同建设"丝绸之路经济带"》,《人民日报》2013年9月8日。
③ 《习近平谈治国理政》第2卷,外文出版社2017年版,第395页。

念贯彻到生产生活、消费交往的各个环节,让人们自觉地感恩自然、顺应自然、反哺自然,从而在理念与实践中,保证经济发展与环境保护的双赢局面。

二、实现绿色发展的重要举措

习近平总书记就推动绿色发展方式与生活方式提出了6项重点任务:加快转变经济发展方式,加大环境污染综合治理,加快推进生态保护修复,全面促进资源节约集约利用,倡导推广绿色消费和完善生态文明制度体系。[1] 这6项任务用经济发展方式的宏观要求统帅污染治理、环境修复、资源利用、消费习惯等具体要求,并统一于生态文明制度体系的完善。为了践行绿色发展理念,贯彻落实6项重要任务,需要采取一系列举措。

第一,构建以市场配置为导向的绿色科技创新体系。保护环境不是不发展,而是要让发展从原来的资源消耗型、环境破坏型的陈旧方式转变为绿色低碳循环可持续的发展方式。绿色发展,既讲绿色环保,也要着眼于发展。没有发展的绿色是停滞,没有绿色的发展是死路。创新发展模式,大力提升绿色经济的规模与结构,使资源能够节约、高效、循环利用;在全社会倡导节约适度、绿色低碳的生活方式,实现生产系统与生活系统的循环链接。

第二,优先解决突出的环境问题。按照两点论和重点论的辩证法与方法论,改善生态环境要从人民群众最关心、矛盾最尖锐最突出的地方入手,尽早医治老百姓的民生痛点,缓解经济发展与环境保护的紧张关系。在具体实施中,需要以政府牵头为主导,以生产企业为责任主体,以社会组织与人民群众共同参与为依靠力量,形成生态文明

---

[1]《习近平谈治国理政》第2卷,外文出版社2017年版,第395–396页。

第三章
新发展理念视域下决胜全面建成小康社会

建设的合力。对污染排放要严格制定符合社会发展整体利益的标准，强化排污者的责任，动员社会力量对环境严格督查，健全环保信用评价体系等，从制度设置与力量安排上形成对环境的严密保护。坚持环境保护的源头防治，"加强水污染防治，开展土壤污染治理和修复，加强农业面源污染治理，加大城乡环境综合整治力度"。①

第三，以保护优先，自然恢复为主，加大生态系统保护力度。《论语》有云，"天何言哉？四时行焉，百物生焉"。这说明生态系统有其自身的发展规律，需要人类在发展中不断去体会，不断去把握，不断去尊重，不断去遵循。生态之所以被称为系统，在于它不是孤立的、不变的存在，而是相互联系、动态变化的整体，有其自身强大的自我修复功能，需要人类在生产生活中细心呵护，方能发挥出强大的作用。我们要通过实施生态系统保护工程和修复工程，优化自然界自身具有的安全屏障系统，保护环境自身的生态廊道与生物多样性，稳步促进生态系统的健康与质量。一直以来，我国严格实施的生态保护红线、永久基本农田和城镇开发边界三条控制线有效地发挥着环境保护的硬性约束作用，起到了良好的效果。我国森林覆盖率持续提高，森林面积持续增加，国土绿化、湿地建设情况转好，荒漠化与石漠化的情况得到较大改善。人不负青山，青山定不负人。这些成果就是自然对人类保护它、尊重它的回馈。现在我们还要继续加强天然林的保护制度，进一步扩大退耕还林、退耕还草与耕地轮休范围，严格落实耕地、草原、森林、河流、湖泊的休养生息。

第四，多管齐下，完善生态环境的整体监管。正如习近平总书记强调的那样："推动绿色发展，建设生态文明，重在建章立制，用最严格的制度、最严密的法治保护环境，健全自然资源资产管理体制，

---
① 《习近平谈治国理政》第2卷，外文出版社2017年版，第396页。

加强自然资源和生态环境监管,推进环境保护督察,落实生态环境损害赔偿制度,完善环境保护公众参与制度。"① 要以机构改革作为推进生态环境整体监管的抓手,切实保障自然资源部和生态环境部能够统一行使政府职能与职权,强化企业的环保主体意识与责任,切实让人民群众参与监督。

第四节 开放发展是决胜全面建成小康社会的必由之路

中国改革开放40多年的伟大成就证明了开放与改革是国家繁荣、社会进步的必由之路。2018年12月,习近平总书记在庆祝改革开放40周年大会上的讲话中深刻指出:"开放带来进步,封闭必然落后。中国的发展离不开世界,世界的繁荣也需要中国。我们统筹国内国际两个大局,坚持对外开放的基本国策,实行积极主动的开放政策,形成全方位、多层次、宽领域的全面开放新格局,为我国创造了良好国际环境、开拓了广阔发展空间。"② 在40多年的开放历程与建设小康社会的艰苦奋斗中,开放由原来仅限于宏观层面的国策与政策,丰富发展为积极参与全球治理、维护国际公平公正秩序和提供国际公共产品等具体层面。

邓小平同志在制定改革开放战略时就已经充分认识到,"现在任何国家要发达起来,闭关自守都不可能"③。当今时代,传统霸权国家面临国际秩序朝着公平公正方向调整的大趋势时,不甘于放弃原有既得利益与守成地位,采取孤立主义、逆全球化和民粹主义等手段,给新兴国家的发展制造障碍,施加压力。在这样的情况下,中国更加要

---
① 《习近平谈治国理政》第2卷,外文出版社2017年版,第396页。
② 习近平:《在庆祝改革开放40周年大会上的讲话》,《人民日报》2018年12月19日。
③ 《邓小平文选》第3卷,人民出版社1993年版,第90页。

第三章
新发展理念视域下决胜全面建成小康社会

胸怀两个大局，以我为主，保持战略定力，坚持正确的发展方向不动摇，保持社会主义国家的本色不变质，把自己的事情做好，使开放的大门越开越大，无畏挑战，拥抱机遇。

一、开放是全面建成小康社会的根本支撑

开放融通是当今世界不可阻挡的滚滚潮流，是社会发展的总体趋势。在经济全球化的今天，国与国之间、人与人之间紧密融合，你中有我、我中有你，谁也不能孤立地生存与发展。市场经济本质上就是一种开放经济，无论在国内还是在国际，开放都体现出经济现代化的鲜明特征。推进各国、各区域、各领域的互联互通，加快融合协同发展，是决胜全面建成小康社会的必然选择。

我国的改革开放经历了一个从沿海开放向沿边开放，再到内陆开放，最后到全面开放的艰辛而又波澜壮阔的过程。开放也逐渐从一个简单的政策发展到成熟的理念。在这个理念中，中国认真审视了自己与世界的关系、社会主义与资本主义的关系，形成了符合时代特征的、适应经济高质量发展的、顺应经济全球化趋势的，旨在解决发展中内外联动问题的开放发展体系。

中国在抓住机遇、扩大开放、深化改革中探索出全面建成小康社会的科学路径。经过40多年的开放奋斗，中国经济已经实现"引进来"与"走出去"的双向畅通，经济发展呈现出市场、资源与能源、投资三管齐下深度融合的开放局面。党的十八大以来，中国特色社会主义进入新时代，经济对外开放的力度越来越大，取得的成就越来越大，在世界经济体系中的作用与地位越来越重，对全球经济发展做出的贡献也越来越多。

中国对外开放的历程几乎与建设小康社会是同步的，可以说，小

康社会是对外开放的目的，而对外开放是小康社会的支撑。和小康社会从总体到全面，从建设到建成的发展历程一样，中国的对外开放也经历了一个由点到面，从局部到全面的渐进过程。1979年，中央开始在深圳、珠海、汕头和厦门试点创办出口特区，并于1980年正式改名为经济特区。随着经济增长对开放的要求提升，客观上需要进一步扩大开放。1984年2月，邓小平提出"除现在的特区之外，可以考虑再开放几个港口城市……这些地方不叫特区，但可以实行特区的某些政策"[①]。1984年3月，中共中央在北京召开沿海部分城市座谈会建议将部分城市列入沿海开放城市，分别是大连、秦皇岛、天津、烟台、青岛、连云港、南通、上海、宁波、温州、福州、广州、湛江、北海14个沿海港口城市。1985年，营口按照政策享受沿海开放城市待遇，1987年威海从烟台分离，第二年被列为沿海开放城市，因此，一般理解的第一批沿海开放城市是16个。1985年，国务院将长江三角洲、珠江三角洲和闽南厦漳泉三角地区、胶东半岛和辽东半岛开辟为沿海经济开放区。1988年3月，国务院召开沿海地区对外开放工作会议，决定部署实施沿海地区"两头在外"的外向型经济发展战略，发出《关于进一步扩大沿海经济开放区范围的通知》，决定新划入沿海开放区140个市、县，包括沈阳、南京和杭州3个省会城市。1988年，新设立海南省，并兴办海南岛经济特区。1992年，上海浦东新区设立，并在长江沿岸5个城市以及东北、西南和西北地区13个边境市、县，11个内陆地区省会（首府）城市实施沿海开放城市的政策。这一系列决策体现了中共中央开放的决心以及全面开放与全面建设的力度，不仅在区域上扩大开放的范围，并且增加了开放的内涵，形成多层次、多渠道、全方位开放的格局，尽力实现全国均衡开放与发展。在不断的开放中，

---

① 《邓小平文选》第3卷，人民出版社1993年版，第52页。

第三章
新发展理念视域下决胜全面建成小康社会

各区域的自然资源优势和经济优势得以发挥,在对外经济合作中,展开技术交流,不断吸引外资与扩大出口,为建设小康社会添砖加瓦。

2001年经过艰苦谈判,中国正式加入世界贸易组织,标志着中国对外开放进入了新的发展阶段。从2002年到2012年的10年间,中国货物进出口贸易额增长了6.4倍。开放的中国不会停下前进的脚步。2013年,国务院批准设立中国(上海)自由贸易试验区,是党的十八大以来我国全面深化改革与扩大开放的重要的战略举措。同年,习近平主席向全世界发出建设"一带一路"倡议,以此为契机,搭建互联互通的国际合作新平台,从而顺应世界大发展、大变革、大调整趋势,增添各国共同的发展新动力,共同面对人类新挑战。2018年4月,在博鳌亚洲论坛2018年年会开幕式上,习近平主席再一次向世界表明"中国开放的大门不会关闭,只会越开越大"[①],并宣布要实行大幅度放宽市场准入、创造更有吸引力的投资环境、加强知识产权保护和主动扩大进口等重大举措。

改革开放40多年来,中国经济发展不断以惊人的速度与成就影响着世界。现在,中国已经是世界第一大货物贸易国、第二大服务贸易国和外商直接投资国、世界第二大经济体和第三大对外直接投资国。开放是合作共赢最直接的写照。在40多年的开放中,中国也为世界带来了巨大的经济贡献,从1979年到2017年,中国对世界经济增长的年均贡献率为18.4%。2020年2月28日,国家统计局发布《2019年国民经济和社会发展统计公报》数据显示,2019年,中国对世界经济增长贡献率高达30%左右,持续成为推动世界经济增长的主要稳定器和动力源。

---

① 《习近平谈治国理政》第3卷,外文出版社2020年版,第194页。

二、实施开放发展的重要原则

当前,中国经济的内外部环境发生了深刻变化,重要战略机遇期的内涵也发生了深刻转变,对我国的对外开放提出了很多新要求。"我们将实行更加积极主动的开放战略,完善互利共赢、多元平衡、安全高效的开放型经济体系"①。

开放的力度要大。在新型的开放型经济体系中,我们要更加注重内外需之间的协调,进出口之间的平衡,既要大力引进来,更要让我们的产品与投资能够有力地走出去,在对外引进方面,要变以往只重视引进资金为引进资金与引进技术并重。全面建成小康社会要求建设全方位对外开放新格局,不仅要胸怀国际国内两个大局,还要用好国际国内两个市场、两种资源、两类规则,使我国的对外开放既能顺畅地进行内外双向互动,又能加速我国经济向低损耗、高效益的高质量方向转变,并在吸收国外先进科学技术的基础上自主创新,形成有独立知识产权的领先科技,从而在更深层次上提升我国开放型经济的水平。

开放的质量要高。在以往的开放环境中,中国一直在全球价值链的中下游徘徊,不仅阻碍了中国经济国际地位的提高,也反过来制约了国内经济的高质量发展,进而制约了全面建成小康社会的进度与质量。因此,要决胜全面建成小康社会,必须统筹国内国际两个市场共同在质量建设上发力,一方面在国内调结构、优布局、强产业,另一方面着力变在经济全球化中的从属地位为主导地位,积极参与公共产品供给,积极承担相应的国际责任和义务,推进全球治理变革,为建立更加公平公正的国际新秩序作出贡献。

---

① 《习近平出席亚太经合组织工商领导人峰会并发表重要演讲》,《人民日报》2013年10月8日。

第三章
新发展理念视域下决胜全面建成小康社会

开放的效果要好。中国追求的开放从来不是独断专行、以邻为壑。"无论中国发展到什么程度,我们都不会威胁谁,都不会颠覆现行国际体系,都不会谋求建立势力范围。"[①] 中国的开放是在追求和保障本国利益的基础上,兼顾对他国利益的合理关切,谋求各国合作共赢。习近平总书记提出的人类命运共同体理念,就是要将发展和开放置于对人类共同命运与前途的深切关怀之中,以开放、包容、普惠、平衡、共赢指导人类社会发展。新时代有很多新机遇,也面临着很多新问题。时代变化了,问题变化了,应该用新的思路、新的路径、新的力量来解决新问题。但总有一些国家始终走不出"国强必霸"的陈旧思维,违背时代潮流与人民愿望,死守着保护主义、单边主义的老路,不愿在世界经济开放的浪潮中与各国共同遨游与进步。"鹰击长空、鱼翔浅底,万类霜天竞自由",开放才能带来活力与前途,封闭只能是死水一潭。我国积极参与全球治理,提高在全球治理体系中制定规则的话语权,就是为了让坚持开放的理念深入人心。"我们要树立世界眼光,更好把国内发展与对外开放统一起来,把中国发展与世界发展联系起来,把中国人民利益同各国人民共同利益结合起来,不断扩大同各国的互利合作,以更加积极的姿态参与国际事务,共同应对全球性挑战。"[②]从而推动国际秩序和治理体系朝着更加公平公正合理的方向发展,实现中国与世界更好的发展互动,让各国人民都能够在未来分享到发展的成果。

三、实行开放发展的重大举措

在决胜全面建成小康社会的关键时刻,要坚持以"一带一路"建

[①]《习近平谈治国理政》第3卷,外文出版社2020年版,第194页。
[②]《习近平谈治国理政》第2卷,外文出版社2014年版,第248-249页。

设为平台，不断协同推进战略互信、投资经贸合作、人文交流等，丰富对外开放的内涵，增强对外开放的质量，提高对外开放的水平，努力形成深度融合、互利共赢的合作格局，开创新时代我国对外开放的新局面。

第一，坚持以"一带一路"建设为主线，遵循共商、共建、共享的基本原则，将"引进来"与"走出去"有机结合，在不断提高开放水平的同时，完善自主创新体系和加强自主创新能力。"一带一路"并不是西方所谓欧洲复兴计划的翻版，而是一个在彼此尊重主权的基础上，开放性的、包容性的区域合作倡议，追求的是世界各国与人民的沟通与共同进步。通过政策沟通、设施联通、贸易畅通、资金融通和民心相通来打造人类命运共同体的"巴别塔"。

第二，坚持优化升级对外贸易，培育贸易新业态。贸易是对外开放中的重要环节，与社会信息化以及全球互联网治理体系变革紧密相连。我们要实行更加积极的开放政策，要从完善对外贸易布局入手，推动跨境电商、外贸综合服务等外贸模式的创新，促进对外贸易向优质优价、优进优出的方向发展。

第三，坚持完善对外开放的法治建设，建立健全更加有利于合作共赢的体制机制。打造更加法治化、便利化与国际化的营商环境，全面实行准入前国民待遇加负面清单管理制度，为外资和外企的进入中国提供更有力的保障，形成面向全球的高标准的自由贸易区网络。

第四，坚持优化区域开放布局，推动开放在全国范围内的均衡发展。中国的开放是全方位的开放，社会信息化、电子商务以及跨境多式联运交通廊道的普及，使得内陆地区的开放之路越来越通畅，有利于根据区域特点发展外向型产业集群，并且形成各具特色、优势突出的对外开放基地。

第五,坚持创新对外投资方式,深度融入国际经济合作与竞争中。扩大开放是在坚持基础上的创新。我们要支持与鼓励企业走出去,在全球竞争激烈的高端领域如装备、技术、服务标准等,和其他国家与地区学习、合作、竞争,以培育能引领全球供应链的前沿企业为切入点,提升中国企业的世界竞争力。

第六,坚持积极参与全球治理,推动全球治理体系的公正化发展。"明镜所以照形,古事所以知今",回顾世界历史,风风雨雨的争斗与不公平、不公正的国际秩序有关。现有的国际秩序建立于第二次世界大战之后,在当时对稳定世界和平与发展起到了重要的作用。随着时代的变迁,各国力量的对比变化,新科技革命和产业变革时代浪潮奔流滚滚,国际秩序不符合时代发展的矛盾逐步涌现,需要随着时代变化慢慢调整,在制定新规则时,需充分听取新兴市场国家和发展国家的意见,兼顾共同的利益和诉求,确保各国的发展空间。这种调整并不是推倒重来,另起炉灶。2018年7月25日,习近平主席应邀出席在南非约翰内斯堡举行的金砖国家工商论坛并发表题为《顺应时代潮流 实现共同发展》的重要讲话,他明确指出:"现行国际秩序并不完美,但只要它以规则为基础,以公平为导向,以共赢为目标,就不能随意被舍弃,更容不得推倒重来。"①

第七,坚持承担国际责任与义务,彰显大国担当。中国是大国,意味着其对地区和世界有着更大的责任,要承担相应的义务。在责任承担上,中国始终坚持共同但有区别的责任原则、公平原则以及各自能力原则,积极参与应对全球气候变化的谈判,坚决落实减排承诺,据《中国应对气候变化的政策与行动2019年度报告》显示,2018年,

---

① 习近平:《顺应时代潮流 实现共同发展——在金砖国家工商论坛上的讲话》,《人民日报》2018年7月26日。

中国已提前达到2020年比2005年下降40%~45%的碳排放目标。在国际援助方面,中国不断完善对外援助方式,如2020年新冠肺炎疫情在全球蔓延,中国第一时间向世界卫生组织提供了2000万美元捐款,支持其开展抗疫国际合作,并将最新的诊疗方案、防控方案等一整套技术文件及时分享给了全球180个国家、10多个国际和地区组织,为维护全球公共卫生安全作出重大贡献。

第五节 共享发展是决胜全面建成小康社会的归宿

"共享是中国特色社会主义的本质要求。"[①] 中国共产党始终以人民对美好生活的向往作为奋斗建设的目标。《吕氏春秋》在谈到君王治理国家时说道,"昔先圣王之治天下也,必先公。公则天下平矣。"在任何时代,在任何社会形态中,公平都是治国的善策,公平都是稳定社会的良方。共享发展是新发展理念中最能体现公平的理念。《淮南子·氾论训》有云,"治国有常,而利民为本"。在任何时代,在任何社会形态中,让人民得到利益都是治国的根本。共享发展是新发展理念中最能体现爱民利民的理念。共享是全面建成小康社会的目的,利民是全面建成小康社会的归宿,让广大人民群众在改革发展中共享成果是社会主义的本质要求,是实现共同富裕的必由之路。

一、共享发展是以人民为中心的发展思想

我国发展过程中人民对改革发展成果的共享不均衡、不充分是我国社会主要矛盾的一个重要表现,解决这种不均衡、不充分也是全面

[①]《中共中央关于制定国民经济和社会发展第十三个五年规划的建议》,《人民日报》2015年11月4日。

建成小康社会中"全面"的内涵与任务之一。共享的形式表现为公平，共享的实质是中国共产党全心全意为人民服务的宗旨与人民至上、以人民为中心的初心与使命。共享与为民并不是抽象模糊的概念，而是有着清晰明确的指向，即"坚持人民主体地位，顺应人民群众对美好生活的向往，不断实现好、维护好、发展好最广大人民群众根本利益，做到发展为了人民、发展依靠人民、发展成果由人民共享"[①]。

共享发展理念体现了逐步实现共同富裕的要求，是实现共同富裕的必由之路，也是对以往提出的"包容性增长""共享型经济增长"等概念的继承与借鉴，超越与创新。

从覆盖人群来看，共享是全民共享。共享的目标是让人人享有成果，在社会发展中各得其所，而绝不是少数人或者一部分人的分享。人人享有并不代表人人享有的内容完全一样、毫无分别与差距，而是说在共享中根据实际情况，保持共享的公平性。

从共享内容来看，共享是全面共享。无论是发展还是人的需求都是全面性的，因此，人民共享的内容也必将是全面性的。全面共享既包括经济、政治、文化、社会、生态文明等"五位一体"的共享，也包括保障发展权利、给予发展机会、培养发展能力和共享发展成果的公平，要全面保障人民各方面合法权益。

从实现路径来看，共享是共建共享。共建是共享的前提，是共享的实现过程，而共享是共建的出发点与落脚点。在社会主义社会中，人民是国家的主人翁，为国建设与为自己建设具有内在的一致性，个人价值与社会价值共同实现于社会主义建设之中。一个生机勃勃、昂扬向上的社会需要尽可能多地调动人民群众的劳动积极性、创造性和参与性，发扬民主、汇聚民智、激发民力，争取人人共建社会，人人

[①]《习近平谈治国理政》第2卷，外文出版社2017年版，第214页。

共享成果，共同形成全面建成小康社会的强大合力。

从实现过程来看，共享是渐进共享。事物发展都要经过一个从低级到高级、从不充分到充分、从不均衡到均衡的发展过程，共享也是如此。共享的发展与实现过程要立足于本国国情，以经济社会发展的实际情况作为基础，随着生产力的发展不断深入推进。共享不是过去不顾经济发展状况，不顾每个人的劳动成果，直接实施的"平均主义""吃大锅饭"。共享不可能一蹴而就，一步到位，而是必须建立在一定的物质基础之上，而且在共享分配时，要注意把握公平与效率之间的合理张力。

习近平总书记在谈共享发展理念的具体落实时指出："我们要立足国情、立足经济社会发展水平来思考设计共享政策"①，并且指出了实践中容易出现的两类错误，即"裹足不前、铢施两较、该花的钱也不花"和"好高骛远、寅吃卯粮、口惠而实不至"。可见，共享发展既不能不共享，也不能乱共享，无论是"不共享"还是"乱共享"，都不是新发展理念中真正的"共享"，我们一定要在实践中避免这样的情况出现。

二、坚持共享发展，实现公平正义

共享发展理念的提出标志着中国共产党对社会发展目标的准确把握，对人民对美好生活需求的及时回应，对社会发展社会主义方向的牢牢坚持。如何将共享发展观念贯彻落实到现实生活中，是一门大学问，必须注重两方面的工作。第一，让人民积极参与到全面建成小康社会的伟大建设中，群策群力，"举全民之力推进中国特色社会主义事业，

---

① 《习近平谈治国理政》第2卷，外文出版社2017年版，第216页。

不断把'蛋糕'做大"①。第二,在做大做好"蛋糕"的同时,把"蛋糕"分好。社会主义优越性就是社会的发展不能落下任何地区、任何人,一定要让人民群众都能在社会发展中分享成果。

"得道多助,失道寡助"。在中国,人心是最大的政治。得人心者得天下。中国共产党之所以能够不断带领人民从站起来到富起来,再到强起来,一个根本原因就是中国共产党一直以人民为中心,时刻将人民的切身利益与直接关系放在心上。共享发展理念就是要通过补齐民生短板,实现社会公平正义,切实提高人民群众生活水平与生活质量,让人人都有获得感,人人体会到安全感,人人增加幸福感,朝着全面建成小康社会,实现共同富裕的宏伟目标进发。

第一,坚持共享发展,要做出有效制度安排。破除发展中的重增长轻民生、扭转发展中的重城市轻农村、端正发展中的重效率轻公平等不良倾向,从制度上保障社会公平公正,保证人民参与社会建设的权利与机会,从而保障人民参与社会建设的积极性、主动性与创造性。

第二,坚持保障公共服务供给,保障人民的基本权宜。普惠是分享发展的重要内涵,基本公共服务均等化是分享发展的重要内容。在公共服务领域提高共建和共享的程度与质量,有利于补齐民生短板,实现民生服务全覆盖。同时,要加大对"老少边穷"地区的转移支付,保障落实对特殊困难人群的帮扶,打好精准脱贫攻坚战。

第三,坚持实现教育公平,扶贫先扶智。教育公平是社会公平的重要组成部分,也是从根本上维护社会公平正义的基石。以促进教育发展使发展成果惠及更广大的人民群众,以教育公平促进与维护社会公平。党的十九大报告提出:"努力让每个孩子都能享有公平而有质

---

② 《习近平谈治国理政》第2卷,外文出版社2017年版,第216页。

量的教育。"① 教育孩子是家庭重要的任务，凝聚着父母对孩子全身心的爱护，实现教育公平体现了国家与社会对祖国未来与希望的关怀。教育是人民对美好生活向往与需求的重要内容，教育改革与发展牵动着千家万户，是人民的根本利益之一。以人民为中心，推进公平而有质量的教育，是缩小城乡之间、区域之间教育与发展差距的重要抓手，是提高劳动力素质、保持社会发展长久动力的根本，也是我国科教兴国、教育强国的主要内容，为全面建成小康社会奠定了坚实的智力基础。

第四，坚持就业优先战略，保障就业机会。就业是民生之本，稳就业才能稳增长。在传统小康社会理想中，"各亲其亲，各子其子，货力为己"的"家天下"之所以能够稳固的基础是各个家庭的稳定就业，在社会主义全面建成小康社会中，稳定就业既是个人与家庭寻求发展与追求幸福的重要方式，也是社会主义社会中人通过劳动表现本质力量的重要途径。坚持分享发展理念，打破就业和创业中的身份歧视与市场壁垒，保障就业权利与机会，提高劳动者的劳动参与率，并在不断的劳动培训中提升劳动者素质，增强社会生产力的动力与质量。继续完善和推进创业扶持政策，把大众创业、万众创新引向深入，汇聚众智，集合众力，加快在核心关键技术上的突破，让"双创"工作成为国家创新发展新动力引擎。

第五，坚持医疗卫生体制改革，保障全民健康，建立覆盖城乡的基本医疗卫生体系与现代医院管理制度。健康是人类生存与发展的前提与条件，是民族昌盛和国家富强的重要标志。健康权是人类基本人权的重要组成部分，而保障人民健康是人类社会的主要价值取向之一。2016年8月，习近平总书记在全国卫生与健康大会上的讲话中指出：没有全民健康，就没有全面小康，要把人民健康放在优先发展的战略

---

① 习近平：《决胜全面建成小康社会 夺取新时代中国特色社会主义伟大胜利》，《人民日报》2017年10月28日。

地位。①国民健康不仅是民生问题，也是重大的政治、经济和社会问题。健康中国建设不仅直接关乎民生福祉，而且关乎国家全局与长远发展、社会稳定和经济可持续发展。为此，2020年政府工作报告明确指出，"面对困难，基本民生的底线要坚决兜牢，群众关切的事情要努力办好"。②

  2020年对中国乃至世界而言，都是不容易的一年，新冠肺炎疫情影响了社会生活的方方面面。面对社会主义事业的发展大局，我国始终将生命至上作为压倒一切的原则。"疫情就是命令，防控就是责任"，要打响打好防控疫情的人民战争，就必须时刻把人民群众的生命安全和身体健康摆在最高位置，这也是中国共产党践行全心全意为人民服务的根本宗旨和初心使命的重要体现。正如政府工作报告中所讲的那样，疫情发生以来，我国通过持续不断地加强改革公共卫生体系建设和疾病预防控制体制，完善传染病直报和预警系统，坚持及时公开透明发布疫情信息，并且加大疫苗、药物和快速检测技术研发投入，从基层到中央，从后勤到前线，全面筑牢疫情防控的防线与阵地。

  健康是人民对美好生活向往的题中应有之义，也可以说健康是人民最具普遍意义的美好生活需要。疾病医疗、食品安全、生态环境污染等则是威胁人民健康突出的后顾之忧。将健康融入所有政策，让人民在健康领域共建共享。2019年以来，我们看到了医疗医药保障方面的重大进展：2019年以来，药降价了，更多救命药纳入新医保目录，更多地区开展了门诊费用跨省结算；2019年以来，养老金涨了，养老金的及时足额发放得到保障。2020年，为了及时救治新冠肺炎患者，国家对确诊和疑似患者全部实行"先救治、后结算"。费用在基本医保、大病保险、医疗救助等按规定支付后，个人负担部分由财政给予补助。

---

①《习近平在全国卫生与健康大会上强调　把人民健康放在优先发展战略地位 努力全方位全周期保障人民健康》，《人民日报》2016年8月21日。
②《李克强作的政府工作报告（摘登）》，《人民日报》2020年5月23日。

这也就是 2020 年政府报告里所说的,"基本民生支出只增不减,重点领域支出要切实保障"。与此相应的,"一般性支出要坚决压减,严禁新建楼堂馆所,严禁铺张浪费。各级政府必须真正过紧日子,中央政府要带头"。国家的这一决定,体现了在其他社会价值与人民健康发生冲突时,人民健康具有优先决定权。

  第六,坚持建立公平可持续发展的社会保障制度。社会保障制度是民生的底线,社会要发展进步,必须保证网底不破。社会保障制度是民生的依托,党的十九大报告提出的"幼有所育、学有所教、劳有所得、病有所医、老有所养、住有所居、弱有所扶"[①]都要依托于全面覆盖、公平合理、可持续发展的社会保障体系与制度。我们要实施全民参保计划,保证法定人员不遗漏、全覆盖,实现职工基础养老金全国统筹制度,建立基本养老金合理调整机制,在全社会实行城乡居民大病保险制度,统筹社会救助体系。2020 年,我国能够快速有效应对新冠肺炎疫情,及时解决救助中的资金落实的政策问题,体现了我国长久以来全面建成小康社会中对社会保障体系的细致、严密的建设,织牢社会保障这张大网,利国利民。

[①] 习近平:《决胜全面建成小康社会 夺取新时代中国特色社会主义伟大胜利》,《人民日报》2017 年 10 月 28 日。

第四章
坚定实施全面建成小康社会的七大战略举措

全面建成小康社会是实现社会主义现代化强国的重要发展战略，战略是目标、措施和路径的统一。全面建成小康社会自身也需要科学的战略路径来实现。党的十九大提出实现全面建成小康社会要在"四个全面"战略布局下，在新发展理念的引领下，"坚定实施科教兴国战略、人才强国战略、创新驱动发展战略、乡村振兴战略、区域协调发展战略、可持续发展战略、军民融合发展战略。"①

第一节　科教兴国战略是全面建成小康社会的智力支持

"科学技术是第一生产力"是改革开放以来全社会深入人心的共识，是对马克思主义劳动生产力理论的继承与创新发展，也是中国共产党对社会生产力系统的全新认识，开启了中国向科技进军的新征程。邓小平同志在1975年提出"科学技术叫生产力，科技人员就是劳动者"②，后来又将科学技术上升到第一生产力的高度。他还进一步描述了科学技术对生产劳动的提升作用："同样数量的劳动力，在同样的劳动时间里，可以生产出比过去多几十倍几百倍的产品。社会生产力有这样巨大的发展，劳动生产率有这样大幅度的提高，靠的是什么？最主要的是靠科学的力量、技术的力量。"③1995年，为全面贯彻落实"科学技术是第一生产力"的思想，中共中央和国务院作出了《关于加速科学技术进步的决定》，第一次提出"科教兴国"战略，并将之作为国家现代化发展的重要战略。江泽民同志在全国科学技术大会上指出："没有强大的科技实力，就没有社会主义的现代化……实施科教兴国

---

① 习近平：《决胜全面建成小康社会 夺取新时代中国特色社会主义伟大胜利》，《人民日报》2017年10月28日。
② 《邓小平文选》第2卷，人民出版社1994年版，第34页。
③ 《邓小平文选》第2卷，人民出版社1994年版，第87页。

战略，必将大大提高我国经济发展的质量和水平，使生产力有一个新的解放和更大的发展。"①科教兴国，就是要从教育开始，培育科技、信息与知识等新的生产要素，使之在创造价值和社会财富中起到更强的加速作用。科学教育，归根结底是要提高劳动者的素质，只有劳动者具备了能够发明创新掌握科技的素质，科技才能转化为真正的劳动力，才能为全面建成小康社会提供不竭的动力。对此，胡锦涛指出，"劳动者素质对一个国家、一个民族的发展至关重要。当今世界的综合国力竞争，归根到底是劳动者素质的竞争。"②

科学技术并不是与人类活劳动相对立的范畴，相反，科学技术是使生产力加速发展的助推器。一方面，科学知识与技术武装了劳动者的头脑，带来了劳动者科学文化素质的提高，从而在劳动实践中更容易掌握生产技能、总结生产经验、创新生产技巧；另一方面，科学技术被劳动者掌握运用到生产工具之中，带来生产工具的变革，也是一种提高社会劳动生产效率的理想方式。可以看出，科学技术与劳动者的结合并非枝节岔路，而是人类走向更加深刻认识自然、深入探索自然、充分合理利用自然的正道通途。正如习近平总书记指出的那样，"科技兴则民族兴，科技强则国家强"③，"科技创新是提高社会生产力和综合国力的战略支撑，必须把科技创新摆在国家发展全局的核心位置，坚持走中国特色自主创新道路，敢于走别人没有走过的路，不断在攻坚克难中追求卓越，加快向创新驱动发展转变。"④

科学不断激发新思想，技术时刻推动新经济。党的十九大报告将科教兴国作为新时代决胜全面建成小康社会的重要战略，将科技强国

---

① 《江泽民同志在全国科学技术大会上的讲话》，《科协论坛》1995年第7期。
② 胡锦涛：《在2010年全国劳动模范和先进工作者表彰大会上的讲话》，《人民日报》2010年4月28日。
③ 《习近平关于科技创新论述摘编》，中央文献出版社2016年版，第23页。
④ 《习近平关于科技创新论述摘编》，中央文献出版社2016年版，第25-26页。

与教育强国作为社会主义现代化的题中应有之义,提出不仅要推进中国培育一批能够跟得上国际科技发展节奏的战略科技人才,还要从中选拔科技领军人才,带领创建高水平的科技创新团队,赶超国际科技水平,乃至引领国际科技水平。

2018年5月,习近平总书记在中国科学院第十九次院士大会、中国工程院第十四次院士大会上的讲话中用"形势逼人,挑战逼人,使命逼人"来形容科学技术和相关教育研究的必要性和紧迫性。他在会议上指出:"我们迎来了世界新一轮科技革命和产业变革同我国转变发展方式的历史性交汇期。"[①] 这是我国以科教创新为抓手引领经济社会突破发展的战略机遇,但同时又一刻不能懈怠,否则非常容易被其他各国拉开差距。在机遇与挑战同在的时刻,坚定实施科教兴国战略既是将最新科技迅速转化为现实生产力的最佳途径,也是推动中国经济结构转型、效率提升、动力转换的高质量发展的必由之路,更是面向新时代,全面建成小康社会、实现中华民族伟大复兴的关键战略举措。新时代科教兴国战略的实施,必须以习近平新时代中国特色社会主义思想为科学指导,以科技创新为发展生产力的第一动力,以建设创新型、科教型强国为目标,激发全体劳动者的创新意识,树立自主创新的信心,增强独立自主搞发展的勇气,下大力气深化体制改革,提升中国经济的内涵发展,同时也为世界上想要独立自主、依靠创新发展的国家与地区贡献中国智慧。

一、增强创新意识,推广容错理念,推动科教发展的思想变革

实施战略,理念先行。科教兴国战略的实施与落实,首要问题是

[①] 习近平:《在中国科学院第十九次院士大会、中国工程院第十四次院士大会上的讲话》,《人民日报》2018年5月29日。

第四章
坚定实施全面建成小康社会的七大战略举措

正本清源,在人民群众中明确与树立正确的科学教育发展理念,并在此基础上大力推广以创新引领发展的系统发展动力观,高扬教育优先发展的理念。同时,创新是具有风险的发展,成功与失败的风险同在,要尤其注意保护创新者的积极性和创造力,对创新中的错误要宽容以待,让创新容错思想深入人心。

科技是发展的筋骨,是支持与推动中国社会发展的硬实力;创新是发展的灵魂,是激发与涵养中国社会发展的软黄金。软硬结合,内外兼修,才能保障中国社会进步的不竭动力。习近平总书记指出:"我国科技发展的方向就是创新、创新、再创新。"[1]科学技术构成了第一生产力,而内含于科学技术之中的创新精神与创新能力则是推动科技发展的动力源泉。首先,要深耕厚植创新引领科技发展的动力观念,切实提升科学、技术、教育、产业等领域在创新意识、创新勇气与创新能力上的水平。用创新意识突破思想上的藩篱,用创新精神打破制度上的壁垒,用创新勇气开拓生产力发展的新领域,从而实现科教兴国战略在生产力发展上的整体跃升。其次,全面建成小康社会关键在全面,科教兴国战略与创新驱动关键也在全面,要开展全面创新、整合创新,加强创新的包容力与融合度,完善创新驱动的顶层设计,在实践中加强科技与教育在创新领域的全面合作,边开发、边培育、边学习、边转化。

科教兴国,教育是先导。习近平主席在联合国"教育第一"全球倡议行动一周年纪念活动上发表视频贺词指出:"中国将坚定实施科教兴国战略,始终把教育摆在优先发展的战略位置,不断扩大投入,努力发展全民教育、终身教育。"[2] 教育是国家的百年大计,是社会持

---

[1] 习近平:《在中国科学院第十七次院士大会、中国工程院第十二次院士大会上的讲话》,《人民日报》2014年6月10日。
[2] 《习近平关于社会主义社会建设论述摘编》,中央文献出版社2017年版,第47页。

续发展的动力之源。强国必先强教，任何一个国家想要长久持续发展，必须培育一代又一代素质高、品德高、能力强、能创新、充满希望的后继者。第一，要保障教育在社会建设中的优先地位，发挥教育在社会建设中的基础作用。教育为本，除了传授科学文化知识，还要立德为本，培育出德才兼备、创新有力、理想信念坚定的人才资源。第二，要从整个社会层面保障教育公平，补齐民生短板。全面建成小康社会的一个关键意义就在于，在保证教育质量和教育水平的前提下，推动教育在全社会的均衡发展。一个全面的小康社会，绝不能也必然不可能是一个经济全面发展而教育非均衡发展的社会。因此，优化与整合教育资源，合理布局教育资源，缩小城镇与乡村、不同区域之间教育发展水平的差异，力争让人民群众在教育中体会到社会的公平，共享改革发展在教育领域的硕果。第三，要以建立学习型社会为导向，深化教育领导的体制改革。要通过创新来释放教育自身蕴含的强大活力，激发教育发展的内在动力，创新改进人才培育培养模式，尊重顺应教育自身的规律，将之与学生身心发展阶段合理契合，以鼓励教育创新作为教育评价的重要指标，从而为创新型人才的培养构建合理科学的发展环境与机制。

科学技术的命脉在于创新，创新呼唤宽容。科学创造的道路上没有捷径，只能在前人的基础上不断尝试，在挫败中总结经验，在新的尝试中找寻成功的机会。因此，鼓励尝试、宽容试错、合理容错是科教兴国战略的内在要求。

坚决实施科教兴国战略，就是要从观念上革除束缚创新、限制科技发展的陈旧理念，在科技与教育领域勇于争先、敢于创新，发挥人民群众创新创造的积极性和主动性，为实现科技强国和教育强国聚合力量，为全面建成小康社会打下坚实的科技基础和贡献丰厚的教育储备。

二、坚持自主创新，优化科技强国战略布局

科教的目的是兴国，走特色自主创新之路是兴国的重要途径。"教育决定着人类的今天，也决定着人类的未来"[1]，如何通过教育培育自主创新意识，锻造自主创新能力，是决定一个国家能走多远的关键问题。可以说，科教能力以及其孕育出的创新能力构成了国家竞争力的核心。我们要建设创新型国家，主动应对未来挑战，强化科教是根基。

第一，夯实基础研究。在全面建成小康社会的征途中，中国的科技发展日新月异，在航空航天、地质勘探、深海探索等各方面都有着长足的进步。但是我们也要看到，与世界上其他传统科技强国相比，我国在基础学科上的投入仍存在不足，结构不均衡，短板明显。正如习近平总书记所说，党在领导科学进步事业时，坚持"抓重大、抓尖端、抓基础，为我国科技事业发展提供了坚强政治保证"[2]。科学有其自身的发展规律，重大与尖端的创新都是在夯实基础研究的前提下才能发生的质变与飞跃。因此，要科学部署、系统完善基础学科研究的总体布局，尤其加大对数学、物理等创新生发点较多的基础学科的投入，加强对量子科学、空间科学等世界研究热门前沿学科的预先部署，并促进哲学、社会科学、人文科学与自然科学的交叉培养，全面提升科研人员素质。

第二，强化战略导向。科技创新的目的一方面是推动生产力发展，另一方面是破解发展中的科技难题。跻身世界科技强国之列，赶超甚至引领世界先进科技的发展，是全面建成小康社会、实现社会主义现代化的内在要求与本质力量的体现。为了打造我国的创新高地，必须拥有一批世界一流的产学研机构，在重大创新领域形成一批具有技术

---

[1]《习近平关于社会主义社会建设论述摘编》，中央文献出版社2017年版，第47页。
[2] 习近平：《在中国科学院第十九次院士大会、中国工程院第十四次院士大会上的讲话》，《人民日报》2018年5月29日。

优势的突破型与引领型的发展平台。中国在全面建成小康社会的道路上，在科技创新方面成绩斐然。无论是"嫦娥"奔月、"天问"问天、"蛟龙"下海、高铁速度还是世界桥梁工程，无不体现了中国人创新创造的能力与决心。中国人民在中国共产党科教兴国战略的带领下，以前所未有的充沛活力，加速发展着美好的中国，也深刻地影响着世界。当然，创新是永无止境的，我们需要继续追赶、超越的地方还很多，在量子技术、纳米科技以及干细胞等领域，都需要不断突破进步。

第三，改善科技供给。科技发展的主战场是服务经济社会发展。随着全面建成小康社会的深入，依靠低成本资源和要素在总量上的投入形成的社会生产力的发展驱动能力明显减弱，而对以科技创新为主要内容的生产形式的倚重越来越多。在中国社会日趋老龄化的今天，通过科技创新为经济发展注入活力成为社会进步的重要途径。与此同时，要不断满足科技对工程领域的需求。基础建设是我国社会经济发展的支柱与重要增长点，而工程科技则是基础设施建设的支柱。通过加大对工程领域的科技投入，能够更有力地支撑国家基础建设，更均衡地促进国家区域发展，更有力地推动产业革命。我国当前保持着世界领先的工程科技人才总量规模和体系，具有门类齐全、专业分明、层次清晰等特点，但未形成人才质量的世界领先性与适用能力的主动权，所以进一步落实科教兴国战略，重点在于精准锚定国家重大战略需求，培育具有勇于突破的创新精神的、如琢如磨争创一流的工匠精神的、爱岗如家的具有高度社会责任感与使命感的，德才兼备的复合型工程技术人才。

三、深化体制改革，统筹机制建设，激发科教体系发展活力

科教兴国的持续发展与发力有赖于充满活力、运转流畅的科技管理体制和运行体制。面向整个世界科技创新日新月异的机遇与挑战，唯有破除机制上的禁锢与束缚，深化科研教育领域的体制机制改革，才能促进科教体系自身的创新，才能最大限度地激发奋战在一线的科技人员与教育工作者的积极性与潜能。要统筹规划，做到体制管理为科研教育服务。2015年中共中央办公厅和国务院办公厅共同印发了《深化科技体制改革实施方案》，推出多达32项改革举措与143条具体措施，要求进一步贯彻落实改革任务，以问题意识为导向，解决科技体制中存在的诸如国家创新体系整体效能不强的问题、科研机关与高校等创新机构创新活力与能力发挥不足的问题、科研教育资源投入产出比不高的问题以及产学研综合协同创新能力不足的问题。

第一，加快重大科技项目决策的制度化。从制度上确保重大科技项目决策的科学性、合理性与长期性，需要从体制上进行改革，尤其是要改变以往不顾客观需要和实际情况，领导拍脑袋决策，专家看眼色行事的情况。必须革除过去存在的枉顾科研规律，让外行人管理内行人的体制弊端。

第二，完善资源配置方式。科技是创造性的活动，投入与产出有其自身客观规律。符合科研规律的资源配置方式将极大促进科技活动的积极性与效率，若简单套用行政预算和财务管理的方法来生硬地管理科技资源配置的话，则会阻碍科技的创新性活动。

第三，深入推进"放管服"改革。科研经费的使用与管理方式要始终紧紧围绕着为科研创造服务，让经费为科研人员的创造性劳动服务，让科研人员摆脱日常行政琐事的困扰，充分释放创造力。

第四，改革科技评价制度。评价体系是引领科研方向的指挥棒，直接决定了科研人员工作的着力点与关键点。为了进一步激发科研人员创新创造的意愿与活力，要建立以科技创新成果质量、社会效应、转化效能等为导向的分类、分层次、指标细化可操作的评价体系，科学合理评估科研创新成果的科学价值、理论价值、实践价值、经济价值、社会价值及文化价值等。

第二节　人才强国战略是全面建成小康社会的人才保障

人才是生产力要素中最具活力的要素，是衡量一个国家综合国力的重要因素，也是决定社会走向的关键指标。一个国家是否有持久的动力、有潜藏的动力、有创新的活力、在国际竞争中是否占据优势，取决于其是否拥有强大的高素质人才队伍与相应的科研创新储备。可以说，人才成为社会经济发展的头号资源。

坚持实施人才强国战略是协调推进"四个全面"战略布局的重要支撑。党的十八大以来，中国特色社会主义进入新时代，中国以越来越开放的胸怀迎接世界的机遇与挑战、新知与人才。党和国家从"四个全面"战略布局的高度出发，不断深化丰富人才培育理论内涵与发展目标，开辟了我国人才发展工作的新局面，带来人才培育新的历史机遇。

坚持实施人才强国战略要坚持党管人才的根本原则。党管人才主要是战略规划与宏观指导，要"认真贯彻尊重劳动、尊重知识、尊重人才、尊重创造的发展，按照管宏观、管政策、管协调、管服务的要求"①。人才工作本身是一个宏大的系统整体工程,党管人才不是事无巨细,而是从宏观入手,做好顶层设计和战略规划,把握方向、整体部署、谋划大局以及整合力量。人才工作的管理必须依靠有针对性、符合客观实际需求、能够发挥实际效用的政策措施,党管人才就是要在整合国内资源、借鉴外部优秀经验,突破不切实际、僵化的人才旧有观念,按需制定和调整政策。人才工作是复杂得多的要素工程,牵涉到多部门协作与职责。党管人才就是要让全社会各相关部门普遍参与、积极加入人才管理的基本格局之中,加快人才的培养、选拔、任用以及评价激励机制,实现人才队伍建设的良性循环。增强人才的创新创造热情与集体凝聚力和向心力,开创人才协调发展的蓬勃局面。党管人才就是要管服务。人才创新创造成果的产出与管理单位给予多少宽容度、多少尊重度、多少服务度有着紧密的联系。如果让科研人才为行政管理琐事所困,不仅占用宝贵的科研精力与时间,也挫伤了科研人员的创造积极性。各级部门要从根本上端正态度,尊重人才的自主创新意识和权力,鼓励创造,宽容失败,让科研人员敢于创新、勇于试错。与此同时,要把对人才的服务放在重要位置,在管理工作中强化服务的主动意识,努力提升服务的质量,尽可能保障科研人员科研环境的纯粹、公平与宽松。让他们真正感到"广阔天地,大有作为"。

坚持实施人才强国战略要建立健全人才开发机制。决胜全面建成小康社会需要培养和锻造一大批具有国际领先水平的,包括科技领军人物、青年科技人才、战略科技人才在内的科技人才队伍。第一,增强人才意识,在全社会牢固树立人才是第一资源、第一推动力的正确观念。第二,创新人才制度体系,解决我国人才结构性不均衡的突出

---

① 习近平:《在全国组织工作会议上的讲话(2008年2月17日)》,《十七大以来重要文献选编(上)》,中央文献出版社2009年版,第218-219页。

矛盾,重点培育和引进在重大科研学科、项目、工程等方面的领军人才,弥补重点领域人才缺口。第三,建立健全新时代中国特色社会主义人才建设法律法规。科技发展日新月异,人才培养争分夺秒,一刻都经不起耽搁,不能让不适应社会发展、不符合现实需求的陈旧的法律法规阻滞人才培养,应该及时修改、清理不合时宜的文件规范,在人才管理上力争做到有中国特色,又能与世界接轨。要围绕更好地提升人才队伍培养的效率和质量,全面系统规划与制定人才管理的法律法规,使对人才管理的每一步都有法可依、有法必依,保持人才管理工作在法治层面上的权威性、连续性与公开性。第四,建立健全主要官员负责机制,坚持"一把手"抓"第一资源",把人才管理工作作为考核"一把手"等主要官员业绩的重要内容和指标,建立健全责任追究制度,从制度上杜绝任人唯亲、埋没人才、浪费人才、人才流失等严重错误。

一、人才强国新使命——实现中国梦

人才强国是全面建成小康社会的七大战略之一,而全面建成小康社会是实现中华民族伟大复兴中国梦必经的历史阶段,在决胜全面建成小康社会的关键时期,人才强国战略承载着新时代的新使命,为实现中国梦不懈奋斗。

(一)以中国梦引领人才强国发展方向

中国梦是中国共产党思接千载、梦载百年的国家富强梦、民族振兴梦和人民幸福梦。无论是富强、振兴还是幸福,都离不开人才建设对生产力的促进作用。正如习近平总书记2014年在中国科学院第十七次院士大会、中国工程院第十二次院士大会上的讲话指出的,创新的事业呼唤创新的人才。实现中华民族伟大复兴,人才越多越好,本事越大越好。知识就是力量,人才就是未来。① 从这个意义上说,中国梦是人才梦。我国人才的数量不少,但结构性问题也不少,因此,我国不能继续在人才大国的层面徘徊,而是要不断突破,向人才强国进发。

第一,人才的发展是全面的,不是片面的,要培育全面人才观,放开眼界,不受传统观念束缚,唯才是举,树立人人皆可成才的普遍人才观念,保证人才培育、选拔、任用的公正性。第二,人才培养要按照全面建成小康社会、增强国家综合实力的创新驱动为指引,强化人才培养的创新支撑基础。第三,人才培育成才机制要充分尊重人才自身发展规律与市场规律,要充分发挥市场规律的基础性调解作用,在党管人才的总体规划下,简政放权,释放人才建设的自由度与宽松度,保护人才创新对人自由全面发展的促进作用。

(二)以中国梦激发人才追梦的勇气

中国梦不仅是国家的梦,也是民族与个人的梦,是将个人小梦想和国家民族大梦想协调一致、融为一体的整体梦想。"天下兴亡、匹夫有责",国家追梦,个人责无旁贷。这是一个最好的属于奋斗者的时代,更是一个最佳的属于追梦人的时代。坚持实施人才强国战略,就是要以中国梦的伟大理想目标来激发广大人民群众参与建设的热情、敢于追梦的勇气、时不我待的紧迫感和舍我其谁的责任感。时代给我们指明了目标,时代为我们创造了机会,现在就看人民怎么做。推进人才强国战略,就是要让人民群众自觉融入改革开放的伟大实践中,积极参与到全面建成小康社会的决胜时刻里,全情投入实现中华民族伟大复兴中国梦的光明征途之中。

---

① 《习近平在中国科学院第十七次院士大会、中国工程院第十二次院士大会开幕会上发表重要讲话强调 坚定不移创新创新再创新 加快创新型国家建设步伐》,《人民日报》2014年6月10日。

（三）以"中国梦"增强人才圆梦意识

按照历史唯物主义的观点，人是一切社会关系的总和。只有将个人价值与社会价值统一起来，统一于推动社会进步的进程中，才能构成有意义的人生。人才强国战略这个概念，从字面上就已经将人才的自我发展与强国的社会价值进行了理论与实践上的统一。追寻中国梦既是国家民族实现复兴的曲折而又光明的道路，也是个人发挥自我价值、自我圆梦的过程。中国人勤劳善良，勇于创新，在世界任何一个地方都能发光发热，但是只有与自己的祖国同在，与自己的同胞们一起，才能最大限度实现个人价值。无论是20世纪远渡重洋、突破封锁回国的"两弹元勋"钱学森，还是放弃英国优越科研条件、学术地位和生活环境的"大地之子"黄大年，他们都自觉地将个人价值和国家民族的大义统一在了一起。正如习近平总书记说的那样，"心有大我、至诚报国"，"把爱国之情、报国之志融入祖国改革发展的伟大事业之中、融入人民创造历史的伟大奋斗之中"[①]。

二、人才发展新途径——遵循人才规律

科研创新有自身的规律，人才发展也有自身的规律。和科教兴国战略一样，人才强国战略也是客观规律很强的战略规划，必须尊重、遵循人才发展的固有规律，顺应人才发展的趋势，满足人才发展的需求，方能广聚天下英才，为我国全面建成小康社会、实现中国社会主义现代化奋斗。

（一）尊重遵循人才集聚规律

人才的发展是开放的，不是封闭的；人才的聚集是动态的，不是

---

① 《习近平关于"不忘初心、牢记使命"重要论述选编》，党建读物出版社、中央文献出版社2019年版，第182页。

静止的；人才的流动是有规律的，不是杂乱无章的。人才流动的方向与趋势遵循着人才聚集的规律，即人才容易被吸引到集聚系统优化的区域和领域，能够形成集成效应。这里的优化指的不仅是经济环境的宽松优越，还包括政治、人文、生态整体环境的提升。人才首先是人，人的需求与发展是多方面、多层次、丰富性的，因此，要打开思路，加大投入，营造良好的复合环境，向人才发出号召，吸引人才汇聚。

第一，以市场对人才资源配置的基础性作用吸引和指引人才，使各类人才能够顺畅地找到适合自身能力发挥的位置，以市场的竞争性激励人才的自我完善的主动性。同时，要发挥顶层设计与整体指引作用，规避市场的无序与盲目，保障人才有序与均衡流动。

第二，在政策制度上保障人才流动与集聚的便利，突破原有过时制度对人才流动的限制，消除人才在落户、子女就学等方面的障碍，打消人才流动的顾虑，建立合理的流动与共享制度，让人才在为地区做出贡献的同时，享受应有的待遇。

第三，做好基础设施建设，让人才在良好的人文、生态环境中能够安心、静心地沉淀在适宜的岗位和领域中，方能精心、尽心地为全面建成小康社会的伟大事业奉献奋斗。

我们必须看到，人才集聚并不是简单的人才数量的叠加，而是对人才岗位的适当安置、对人才搭配的优化组合、对人才创造力的合理激发，使各类人才都能在最适宜、最关键的岗位上发挥最大的效用。

（二）尊重遵循人才创新规律

人才发展机制改革的关键在于从本质上认识与把握、尊重与遵循人才创新的客观规律，使之发挥正向作用。人才的创新，如同生物的生长一样，既不能盲目催熟，揠苗助长，也不能弃之不管，任其自生自灭，而是要在分析不同阶段人才发育发展的特征和需求的基础上，寻找最适合的发展路径，使人才创新的驱动力量得到有效发挥。第一，人才发展要奠定创新意识的基石。兴趣是最好的老师，是灵感的源泉，是创新意识萌发的基础。所以要从最初的家庭，到学校，再到社会，到岗位，尽力呵护、鼓励培育人对兴趣的向往和创新勇气。第二，要注重对创新能力的培养。兴趣是起点，能力培养是脉络。能力的持续培育依靠科学合理的体制保障与机制运行，因此要在体制机制上开拓创新，革除不适应现实需求、不符合人才培养规律的阻碍，对重点行业、重点领域加大政策支持力度与投入扶持力度，不断提升创新能力。第三，加强创新业绩的激励，保护创新人才发明创造的积极性。例如，国家一直以来实施"万人计划""千人计划"等激励政策，在科研机制中起到了吸引人才、鼓励人才、肯定人才、爱护人才的重要作用。

（三）尊重遵循人才供求规律

人才是生产力的重要组成部分，是劳动力的外在表现形式，构成了当今劳动力市场的基本要素。在全面建成小康社会的实践中，我们时常会看到人才的供需不匹配，培养出来的人才找不到合适的岗位，急需人才的岗位找不到相应的人力资源。这也是构成不充分就业、就业机构不均衡、人力资源发挥受限的客观原因。深化改革就是要尊重客观存在的人才供求现状，深入人才供求规律的内在原理，破解现实问题。首先，打破信息壁垒，畅通信息渠道，提高人力资源配置的效率和效益，增加就业的数量与质量，保障各类人才都能在合适的岗位上施展才华，既不能让人才普遍深感怀才不遇、明珠暗投，也不能让某些不合适的人在不合适的岗位上庸庸碌碌、尸位素餐。其次，以社会发展的客观需求为导向，优化人才产业结构，培养社会需要的人才。积极引进高层次、高精尖领域的人才也是重要途径。但高层次人才的用途并不仅仅是个人的单打独斗。一个人即使浑身是铁，也打不出几根钉来。要让领军人才以带领团队的方式形成人才集成孵化机制，以先进带动后进，实现大家共同前进。

三、人才评价新标准——提高国际竞争力

人才评价机制是对人才培育方向和成效的反馈，是人才培育的指挥棒。我们全面建成小康社会，实现中国现代化，并不是闭关锁国、自说自话的发展，而是在世界经济的大海里遨游，与世界经济体同台竞争，以开放的态度迎接世界的挑战与把握时代的机遇。因此，人才强国战略在人才评价标准上必须以提高国际竞争力为重要指标。

（一）人才资源国际化

经济全球化是人类社会不可逆转的趋势，你中有我，我中有你，不仅是国与国之间关系的描述，也是人与人之间关系的描述。人才的竞争与交流不仅局限于国内。信息社会的高速发展，在国际间甚至出现了近乎零距离的近身竞争。各国都无法避免人才的流失，也都在极力吸引人才。2018年4月10日，习近平主席在博鳌亚洲论坛2018年年会开幕式上的主旨演讲中指出：中国开放的大门不会关闭，只会越开越大。[1] 在引进人才的层面上，中国还将不断加大开放程度，加强与其他国家的人才合作与交流，积极参与到全球人才网络之中，用宽松的环境、开放的格局，增强中国人才磁场的吸引力、号召力与凝聚力。

（二）人才构成国际化

人才国际间的自由流动带来了人才构成国际化的必然结果。在改革开放初期，我们看到西方发达国家以及率先发力的中国港澳地区有不同国籍、肤色、民族的优秀人才工作生活。经过多年全面建成小康

---

[1]《习近平出席博鳌亚洲论坛2018年年会开幕式并发表主旨演讲》，《人民日报》2018年4月11日。

社会的深耕厚植，在我国的各类大中小型城市里，都能看到国际优秀人才的身影。国际优秀人才集聚已经成为今日中国的常态。不同国家与地区的人才被中国的就业环境、文化传统、生活方式等吸引，自觉流动到中国，将自己特有的文化传统、思维方式、创新能力与中国的社会发展相交融碰撞，发挥东西方、中外文化互补的促进整合效应。丰富多样的人才构成产生的化学反应不断积累，实现从量变到质变的飞跃，转换为中国社会生产力的重要催化剂。因此，为了不断积累量变，触发质变，在全球激烈的人才竞争中保持与巩固自己的领域和地位，彰显优势，就要求我们更加重视对国际人才的吸引，不断对全球人才竞争战略进行探索与优化。

（三）人才素质国际化

人才素质是人力资源的基础要素，随着全球化大势的发展，全世界对人才素质的要求逐渐趋同。一个优秀人才，往往要具备国际视野、创新能力、前沿跟踪能力、综合素质储备、良好的人际沟通能力、团队合作能力和组织协调能力以及不断学习提高自身素质的能力。我国应该创新教育理念、丰富教育内容、改进教育方法、优化教育模式，从而培育人才的国际视野与大局意识，国际交流、协作和竞争的能力。

第三节　创新驱动发展战略是全面建成小康社会的持久动力

发展是解决中国社会一切问题的金钥匙，创新是引领发展的首要动力。中国特色社会主义进入新时代的一个重要特征是经济从高速发展转向高质量发展，而促成与支撑这一转变的本质是实现发展动力由单纯增加要素投入与经济规模扩张到依靠技术创新与经济效率。全面建成小康社会是新时代中国特色社会主义的重要使命与任务，必须坚决实施创新驱动发展战略,从经济发展上完成动力变革、质量变革、效率变革,最终达到提高全要素生产力的目的。

一、坚定实施创新驱动发展战略是新时代决胜全面建成小康社会的必然选择

新时代全面建成小康社会,实现经济从高速增长到高质量发展转变的核心与关键是转变发展动力与发展方式,不断优化升级经济结构。在我国全面建成小康社会的伟大实践中,在长期的积累与奋斗中,我国成为世界经济总量第二的国家,科技整体实力得到了提升,在诸如航天航空等领域跻身世界领先行列。但总体上看,我国经济增长方式仍然呈现出粗放发展的特点,经济发展质量、效率与效益不高。粗放式的特点引发的直接后果是中国社会发展的不充分与不平衡:经济方面低水平产能相对过剩,投资投入与收益不匹配,生产力要素利用率不高,科学技术创新动力不足;公共服务领域提供的服务数量与质量无法满足广大人民群众对美好生活的现实需求;在生态文明方面,粗放高速发展带来的环境破坏问题依然突出,严重影响人民群众的生产生活与经济的可持续发展。

改革开放 40 多年来支撑经济高速发展的劳动力、自然资源等生产力基本要素成本不断增加,低成本消耗优势日益殆尽;自然资源供给与环境容量在警戒红线附近徘徊,积累了大量环境欠账;社会进入老龄化,新增适龄劳动力不足,人口红利逐年下降。与此同时,我国许多表面上看起来蓬勃发展的行业实际上大而不强,始终居于生产价值链条的中低端甚至末端。在核心技术与高端装备上,对外依存度高,缺乏在世界上叫得响、打得出的品牌。而从全球竞争来看,我国面临着前所未有的严峻的"双重挤压"。一方面,处于后金融危机时代,诸多世界强国进入战略收缩阶段，开始新一轮贸易保护主义，而欧美等主要发达资本主义国家开始加大对制造业的扶持力度，以减税降费等手段，吸引分布在全球的制造业资本回流本国，削弱了中国制造业强国的发展地位。另一方面，中国周边的后发国家正处于中国之前的经济快速发展阶段，利用他们现有的生产力低成本优势，积极参与全球产业分工，主动吸引与承接资本与产业的转移。在这样的情况下，中国继续依靠低成本大规模的生产要素投入的发展模式既没有可能也没有必要，更不可持续。因此，中国迫切地需要重新调整经济结构，转变经济发展方式，通过提高劳动者素质与创新技术进步，提升经济的核心竞争力与质量，提高生产力的要素生产率，培育经济发展新动力。

从世界科技发展的整体趋势来看，新一轮的科技革命正在加速推进，产业变革正在快速升级。创新能力已然成为国与国之间竞争力较量的核心。可以说，谁在科技创新方面先行一步，谁就把握住了发展的先机，就能在未来发展中占据有利地位，掌控发展主动权，从而更加容易地在竞争中取胜。当今时代，新一轮科技进步浪潮洪波涌起，产业革命呈现出井喷状态，一些具有颠覆性意义的技术创新迅速渗透到传统业态，同时也创造出新产业新业态。在这样的形势下，我们既面临被拉开差距的风险挑战，又拥有实现跨越赶超的历史机遇。因此，我国必须也必然要把握科技革命的难得机遇，谨慎地迎接风险挑战，坚决实施创新驱动发展战略，在自主创新的道路上坚定前行，行稳致远，广泛加强信息技术、生物技术、新能源、新材料在各个领域的适用与融合，引导各领域提升自主科研与创新能力，促使产业价值链由中低端向中高端转化。

我国一向重视创新活动。党的十八大报告将实施创新驱动发展战略作为中国重要的战略目标。在党的十九大报告中，"创新"一词出现了50余次，并再次强调要坚决实施创新驱动发展战略，并将创新视作"引领发展的第一动力"[①]。早在2016年，中共中央和国务院印发了《国家创新驱动发展战略纲要》，明确提出我国创新驱动发展战略目标的"三步走"规划：第一步，到2020年进入创新型国家行列，基本建成中国特色国家创新体系，有力支撑全面建成小康社会目标的实现；第二步，到2030年跻身创新型国家前列，发展驱动力实现根本转换，经济社会发展水平和国际竞争力大幅提升，为建成经济强国和共同富裕社会奠定坚实基础；第三步，到2050年建成世界科技创新强国，成为世界主要科学中心和创新高地，为我国建成富强民主文明和谐的社会主义现代化国家、实现中华民族伟大复兴的中国梦提供强大支撑。

二、新时代决胜全面建成小康社会对实施创新驱动发展战略提出新要求与新任务

新时代决胜全面建成小康社会的重要关头，必须贯彻新发展理念，实现经济体系现代化。新旧经济体系与新旧发展模式之间的本质区别在于发展模式与发展动力的变化。第一，经济增长方式从追求数量向追求质量转化，从追求速度向追求效率转化。第二，经济增长动力从单纯要素投入驱动转化为创新要素驱动。第三，产业结构从价值链中低端向中高端提升。

创新是当今时代引领发展的第一动力，理当面对时代的要求、国家的发展目标、人民的幸福期盼，紧紧扣牢中国经济社会重大转型的时代主题，服务于建设现代化经济体系，充分发挥出创新对经济核心竞争力提升的重要作用。

---

① 习近平：《决胜全面建成小康社会 夺取新时代中国特色社会主义伟大胜利》，《人民日报》2017年10月28日。

（一）深入贯彻新发展理念，推动创新观念落地生根

党在十八届五中全会上提出"创新、协调、绿色、开放、共享"的新发展理念。发展理念是改革发展的先导，是发展遵循的理论精华。在这一重大发展理念中，创新居于首位，可见其重要地位。创新理念从头至尾贯穿于新发展理念，也从头至尾贯穿于全面建成小康社会的历史进程。小康社会的提出本身就是理论的创新。从总体小康水平到全面建成小康社会，是党和国家根据经济社会发展的客观情况与内外部形势做出的新的理论创新和实践指导。从全面建设小康社会到全面建成小康社会，是党和国家就小康社会发展阶段做出的创新规划。

以创新为灵魂推进新发展理念落地生根，第一，要迅速面对与及时应对生产力要素成本提高与传统发展模式竞争力下降的现实，加速科技创新，为新时代经济发展注入新鲜活力。在任何时候，科学技术都是第一生产力。以科技上的创新发力来促进经济转型发展和结构调整，以科技上的进步来提高要素生产率与产出效益，实现经济高质量发展，可以达到四两拨千斤的效果。第二，要积极回应人民对美好生活的需要与呼唤，用创新进一步推动共享发展，让人民群众在共享中体会到民生的质量与幸福的感受，让人民群众在每一次共享发展中坚定对全面建成小康社会的信心与决心。一方面，创新能够有效应对需求供给，满足人民群众日益丰富多样的消费需求。另一方面，通过技术革新进步，发展模式创新生机，能够进一步增加公共产品的供应数量和质量，逐步促进公共产品的均衡与充分发展，不仅降低了成本，也发挥了创新在保障就业、实现教育公平、提升人民健康、消灭贫困等方面的推动作用，使创新不仅在生产领域开疆拓土，也能在生活领域惠及更广泛的人群。第三，能源储备与环境容量的压力愈加严峻，由于勘探开采技术所限，在现阶段无法很快提升资源总量的情况下，依靠科技创新与进步，推

动绿色发展,加速建设绿色产业,大力节能减排,一方面保护了环境且降低了保护环境的成本;另一方面通过发展绿色产业链,形成人与自然的和谐共生。第四,妥善处理产业部门之间、城镇与乡村之间、不同地区之间发展不平衡、不充分、不协调的问题。创新是有效的优化生产要素布局,促进部门、区域和领域协调平衡发展的重要手段。因地制宜,构建适宜本部门、本地区、本区域的创新体系;因时制宜,打造符合时代要求的经济增长极;因人制宜,紧紧依靠本部门、本地区、本区域的人才资源,牢牢把握住本部门、本地区、本区域的生产力特点,寻求原生的经济生产点,从而全面推进工业化、信息化、城镇化与农业现代化在全社会的协调均衡发展。第五,胸怀国际和国内两个大局,以此作为谋划工作的出发点,以全球高度、国际视野规划和推动创新进程,在保持战略定力、做好自己事情的同时,融入世界经济的创新海洋之中,有效吸收全球创新资源的优势与精华,提升我国创新质量、效率与效益,从而提升我国在全球创新领域中的地位。

(二)以创新促发展方式与动力转变

新时代全面建成小康社会不再单纯追求经济数据的增长,而是要通过推动供给侧机构性改革,达到调整经济结构的目的。

从经济增长上看,虽然近年来我国GDP的增速放缓,但与之形成鲜明对比的是,我国知识经济的增长十分亮眼,知识产权增长速度远超经济增速。这说明我国以创新为驱动,建设经济高质量发展,取得了长足的进步。据现有统计数据,在"十二五"期间,我国在新一代信息技术、生物科技、节能环保、高端装备以及新能源、新材料等具有战略意义的新兴产业稳步逐年快速发展。2015年,战略性新兴产业的增加值在国内生产总值中的占比高达8%,表明我国产业创新能力和效益转化能力显著提升。2016年,这个数据相比2015年增长了10.5%。

2016年新兴产业增速比规模以上工业增速高出了4.5%。2017年上半年，规模以上工业战略性新兴产业和高技术产业增加值同比分别增长10.8%和13.1%，分别高出整个规模以上工业3.9%和6.2%。尤其值得一提的是，信息技术服务业发展迅猛，同比增长21%，利润增长同比竟达到了81.9%，在其他诸如人工智能、无人机、机器人、轨道交通、新能源、新光电等领域，增速也是相当惊人，基本在20%以上，远远超越制造业平均5.5%的增速。

从产业布局上看，我国在新一代信息技术、新材料、新能源、生物科技等方面已经较具规模，甚至能够跻身国际市场的第一方阵。轨道交通、通信设施、航天科技以及核电设备实现了国际化的突破，在国际市场上占有重要的一席之地。这些科技上的创新，驱动了一批产值规模在千亿元以上的新兴产业集群，它们有力地托举起区域经济转型升级。此外，商事制度改革与对大众创业、万众创新的鼓励性政策，有效激励了人民的创新热情，激发了市场活力与变革动力。据统计，仅仅2017年上半年，国家新登记注册企业达到291万家，同比增长了11.1%，日均新登记企业数量高达1.6万家。建立在新一代信息技术发展基础之上的大数据经济、创意经济、分享经济和智慧经济等新产业、新业态如雨后春笋般蓬勃发展，不断涌现。

亮眼的成绩说明创新驱动发展战略的科学性、时代性与有效性。新时代是经济高质量发展的时代，经济的高质量发展与增速提质，关键也在于创新。但同时，我们也要看到，就目前的发展情况而言，和整体经济规模相比，新经济规模仍然较小。新兴产业的发展趋势虽好，但仍需不断提高国际市场竞争力。作为创新意识和创新能力的直接表征，我国知识产权的总数与增速都很不错，但质量仍需提高，运用转化能力仍需增强。因此，必须进一步加大供给侧结构性改革的力度，打造中国经济高质量发展新引擎。

（三）以创新推进实体经济转型升级

经济发展的高质量要体现在国际竞争力上。党的十九大报告提出要把发展经济的着力点放在实体经济上，以此作为构建现代化经济体系，建设制造强国的根本支撑。经过中国企业卧薪尝胆搞建设、革故鼎新求发展的砥砺奋进，我国创新要素正逐步向企业集聚，转化为切实的生产力。无论是工业企业还是服务业企业，创新活动都十分活跃，在世界居于领先地位。中国在科技研发方面的投入在全球处于领先。据普华永道管理的权威咨询机构思略特发布的《2016年全球创新1000强企业研究报告》显示，全球研发支出最高的1000家上市公司中，中国占据了130家，数量之多、比例之高让世界看到了中国创新驱动发展的决心与勇气。

从总体来看，我国企业发展还存在一些不均衡不充分发展的问题。我国企业的研发和创新活动在全国企业中的占比并不高，没有普及化，呈现出少数创新型企业与多数跟随企业二元并存的结构。与西方发达资本主义国家相比，我国企业在创新意识、创新空间、创新能力和与之匹配的管理水平上还存在较大差距。尤其是我国的制造业大而不强。由于历史原因和发展积淀，我国在核心关键技术上存在不足，大部分企业仍没成功实现转型，依旧在产业价值链的中低端徘徊。在中高端芯片与数控机床等领域，我国还没有完全实现独立自主研发，还要依靠进口，难免受制于人。正如习近平总书记指出的，一个国家只是经济体量大，还不能代表强。我们是一个大国，在科技创新上要有自己的东西。[1] 面对新一轮科技革命与产业升级，我国必须坚持创新驱动，扭转资本配置就虚避实的状况，提升实体经济的提升空间，切实提高

---
[1]《习近平关于科技创新论述摘编》，中央文献出版社2016年版，第40页。

制造业与实体经济的创新能力。

（四）以创新保障社会高质量有效供给

小康不小康，关键看老乡。老乡说好，小康才叫好。全面建成小康社会伟大实践的出发点与落脚点都是人民的需求与评价。让人民满意，才是真正的全面小康。人民的需求并不是一成不变的，随着时代的进步，生产力水平的提升，城乡居民收入的不断增加，人民物质文化生活的不断丰富，刺激和带动了广大人民群众消费需求的快速升级。人民对美好生活的向往与需求朝着多样化、高质量化、个性化方向发展。一方面，随着人民生活水平的改善，中等收入人群的增加，市场消费数量与质量不断升级，居民消费需求呈现出从满足型到发展型的转变，正在实现从量到质的突破；一方面，消费者对消费产品及服务提供的种类、品质、安全、效能等要求不断提升，消费结构中对更优质的教育、医疗、娱乐等服务性消费的需求持续扩大；另一方面，新技术变革与商业模式的改变不断促进消费升级和模式转变，出现了诸如智能消费、绿色消费等新型消费。信息消费深刻改变着生活节奏与模式，移动支付、网络购物、共享服务、网约车、智能机器人、在线教育等都将我国的消费水平推向世界前沿。由网络消费助推的"双十一"无形中成为购物节的代称，标识着中国人消费的巅峰。仅2019年11月11日，天猫一个平台在购物节开启的1分36秒实现了销售额突破100亿元，在1小时3分59秒，销售额突破1000亿元。而在十年前的2009年，第一届"双十一"，天猫平台成交额仅为5200万元。

中国社会惊人的消费能力反映了我国生产创新能力的不断提升，但是同时也要看到，从整体上说，我国仍然存在着消费供给不均衡不充分的问题，低水平供给能力相对过剩，而中高水平的供给相对不足，尤其是在食品安全、医疗安全、信息安全、环境安全等方面还存在不少缺口。

我国拥有着世界上最大的市场,我国的消费需求与日俱增,发展前景较好,升级空间较大,我们应该坚持面向消费的现实需求进行创新,通过增加有效供给,满足不断升级和多样化、个性化的消费需求。

(五)优化创新区域生产要素布局

全面建成小康社会的关键在于全面,其中就包括区域发展的全面。由于历史、自然、文化、民族乃至地理原因,在我国幅员辽阔的疆土上存在着不同的发展状况。坚持加强创新驱动发展战略的一个根本原因就是要通过优化创新区域生产要素的布局,打造适合本区域的经济增长点,从而实现区域内的协调发展和区域间的追赶超越。

我国一直十分重视区域创新体系的建设,制定了一系列具有创新思维的方针政策,其主旨是从抓试点示范入手,以体制机制改革为动力,因地制宜、因时制宜、因人制宜,营造更适合、更有利于创新的政策环境和制度体系。在国家层面,不断增设自主创新示范区,释放改革活力;在部委层面,由国家发改委和科技部牵头开展创新型城市的试点工作,在经过十多年的耕耘后,60多个试点城市分布在东中西部的大中小城市之中,布局均匀、政策均衡。经过多年的政策实施和贯彻落实,创新中心与创新型城市在区域经济带动齐飞上起到了重要作用,形成不少新的经济增长点与增长极。

从总体上看,地区经济水平纵向相比进步巨大,但是横向比较看来,地区之间的创新能力和创新生产要素集聚的水平仍然存在相当的差距。尤其是东南部沿海地区的创新能力和吸引高新企业集聚的能力远胜于中西部地区。东南部沿海地区的各项客观社会条件与中西部地区不同,这就要求国家在制定政策时,不能搞一刀切,不能简单地让后发地区机械套用先发地区的模板,因为这很可能会造成政策的"水土不服"。

我们应该在吸取成功经验，摸索创新发展规律的基础上，因地制宜，从地区的客观实际出发，选择适宜本地水土、风俗、人民理解能力的政策，以达到更加优化的效果。

三、新时代实施创新驱动发展战略的路径选择

经过多年的砥砺奋进、艰苦奋斗与艰辛积累，中国创新驱动发展已经具备持续发力加速的基础。现在，要根据新时代的时代需求，以时代赋予的新任务和新要求为指引，探索实施创新驱动发展战略路径，从而构建更加协同高效、持续发展、动力不竭的创新体系，加快建设创新型国家。

（一）以科技创新带动产学研"深度融合"

教育、科研、创新与生产转化是深度融合、一脉相承的整体。它们之间的融合程度越高，创造的社会进步效应越强。在全面建成小康社会的艰辛历程中，以企业为主体、以市场配置为基础、以技术创新为先导的产学研深度融合的技术创新体系已经颇具规模，取得了喜人的成果。不可否认，在实践中仍然存在着阻碍产学研融合深入的体制机制上的因素，需要我们继续深化改革，不断排除障碍和消极因素。

第一，正确定位大学、科研单位和产业在创新体系中的分工与职责，便于它们充分发挥自身特点与优势。大学专攻基础学科研究，科研单位致力于技术和应用的集成，企业集中在技术转化上发力，在创新决策、科研开发、创新成果转化上发挥关键的龙头作用。第二，完善产学研合作与转化机制，为科技创新搭建高水平基础设施与平台。第三，保持创新均衡发展，关注中小企业在技术创新上的需要，加大对它们的支持力度，充分发挥中小企业在科技创新体系中灵活性高的特点，确保它们成为全面建成小康社会的生力军。

产学研深度融合的创新体系中，学和研如何转化为生产，获得良好的产出是关键。坚持创新驱动发展就是要以创新创业来促进科技创新成果的利用、转化与投产，消除妨碍科技成果转化为产出的体制机制性的消极因素，避免科技与经济、研究与生产、理论与实践"两张皮"的现象。第一，要从财政资助入手，保证科研项目研究成果的公开，丰富公开渠道，为科技转化提供便捷有效的服务，一方面让企业能够及时获取科技信息，另一方面让科技能及时在实践中得到验证与应用，以获取更多的创新思路，形成产学研相辅相成的良性循环。第二，明确科技成果转化的政策法规，细化规则，一方面强化科研单位成果转化的责任意识，保护科研人员成果转化的积极性，另一方面让转化过程有章可循，有据可依。第三，要改革科研成果转化的定价机制，给科研成果的转化松绑。科技创新是智力成果，是无形资产，因此其价值受到市场接受度、转化性、实际效益等多方面的影响，呈现出波动性和不确定性。所以，我们对科研成果的估值不能简单等同于固定资产的固定评估，而要尊重市场规律，遵循市场定价原则，辅之以社会效应的制约。第四，建立健全科技成果转化流程的服务体系，结合国际经验，尝试探索非营利机构等新型组织形式的专利交易和技术转化模式。

（二）培育科技创新中心

按照马克思主义唯物辩证法与方法论，事物发展遵循对立统一的矛盾运动，而我们面对矛盾，要以两点论和重点论的方法为指导，既看到事物发展矛盾的全面性、复杂性与多重性，又要通过把握主要矛盾来寻找解决矛盾的突破口，从而带动其他矛盾的解决。我国实施创新驱动发展战略要既看到战略的全面性，又要把握住战略的主攻方向。现阶段，重点主攻方向应该是以重点区域试点示范为抓手，以体制机制上的革故鼎新为突破，培育创新发展的战略高地，以高地核心来辐射带动周边，实现整体跃迁。例如，我国现在已经形成的以北京为核心的京津冀城市群、以上海为中心的长三角经济带、以深圳为核心的珠三角经济带三大创新高地。陆续在中西部地区建成的以西安为圆心的关中创新中心、以重庆和成都为双圆心的成渝经济圈、以武汉为圆心的汉江经济带等。在全国各区域，有重点地培育创新中心与产业集聚高地，由点到面地推动我国产业升级。

（三）构建制造业创新体系

制造业的强弱直接决定了一个国家综合国力的强弱，没有制造业的支撑，社会经济与生产力无法得到持续的动能。习近平总书记在向2019世界制造业大会的致贺信中强调，中国高度重视制造业发展，坚持创新驱动发展战略，把推动制造业高质量发展作为构建现代化经济体系的重要一环。[①]新时代，是全球制造业经历深刻变革的时代，中国要努力抓住新一轮科技革命和产业升级机遇，以时不我待的精神，着力推动制造业在质量上的变革，在效率上的变革，在动力上的变革。

中国拥有全世界最齐备的制造业门类，是世界制造业大国，但是我国在很多核心技术上还有短板，成为制约中国制造业快速发展的瓶颈。时代变革也造就了中国制造业提质增速的最好机会。

制造业是科技创新的基础与主力军，而创新是制造业的动力与引擎，短板如何补齐，效果如何，很大程度上要看创新驱动的强国建设。现在，我国制造业产品数量很大，在世界各国人民的衣食住行中都能找到"中国制造"，可见我国制造业规模之大、产出之大。然而，我国制造业在质量上与发达国家有相当的差距，低端产能过剩而高端产能不足，独立创新引领还需要进一步加强，在品牌打造上虽然有"华为"

---

① 《习近平向2019世界制造业大会致贺信》，《人民日报》2019年9月21日。

等这样的国际名牌，但还远远不足。可以说我国制造业的品牌效应、精品质量、不可替代性与制造业规模并不匹配。企业管理水平相对粗糙、简单，投入产出的效率不高。在新时代，我国应该下大力气在自主科技创新研发上，在培育基础工业、提高质量、提升效益上多做工作、多开辟新路。2015年5月，国务院印发《中国制造2025》作为全面推进制造强国战略的文件，揭开了中国实施制造强国战略的第一个十年规划的序幕，表明了国家以创新驱动强国建设的坚定决心与科学规划。通过创新驱动制造强国，我们能够有力地抓住信息化与制造业的融通交汇点，通过技术革新，完成中国制造向中国创造再到中国智造的飞跃，完成中国速度到中国质量的飞跃，完成中国产品向中国品牌的飞跃，打造中国制造业的世界品牌与精品质量。

对此，围绕解决制造业面临的时代挑战与主要问题，我国要开展有针对性的创造。对于生产效率低下的产业，开展效率驱动型创新，着力提高生产力要素的利用效率；对于有效供给不足的问题，要摸清消费者的需求，顺应消费者消费水平升级的趋势与方向展开创新，满足市场多样化、个性化的需求；对于转型升级的需要，要以绿色技术和信息技术等来改造升级传统产业的技术与发展模式，锻造传统制造业核心的竞争力；对于发展领域饱和的问题，要积极寻找新的增长极，培育新兴产业；应对国外关键技术的壁垒，应放弃对国外技术转让的幻想，时代不同了，中国的发展地位也决定了别国不会轻易转让核心技术，必须自强不息，从自身做起，突破核心关键技术，形成仅属于自身的整体竞争力。

2013年3月4日，习近平总书记在参加全国政协十二届一次会议科协、科技界委员联组讨论时的讲话中指出，现在，比较正常的技术引进也受到种种限制，过去你弱的时候谁都想卖技术给你，今天你发展了，谁都不愿卖技术给你，因为怕你做大做强。[①] 所以，中国的制造业发展与核心科技的获取，只能也必须依靠自身历经艰辛的化茧成蝶，待破茧而出的那一天，一定会绽放出最夺目的光彩。

第四节　乡村振兴战略是全面建成小康社会的重要部署

党的十九大报告首次明确将实施乡村振兴战略作为全面建成小康社会的重大部署，是实现我国农业农村现代化的总战略，是新时代"三农"工作的总抓手。在2017年中央经济工作会议和中央农村工作会议上，进一步明确了乡村振兴战略的总体思路和具体途径。我们必须深化改革，不懈创新，消除在体制上阻碍农业农村优先发展和城乡融合发展的弊端，进一步激发农村各类资源要素的潜能和各类主体的积极性与活力，不断为农业农村发展注入新鲜力量。

一、以乡村振兴战略统领未来国家现代化进程中的农业农村发展是全面建成小康社会的必然要求

乡村与城镇是中国社会发展互相促进、共生共荣的二元结构，共同构成了中国人生产活动的主要空间。乡村的兴衰决定了国家的兴衰。我国社会主要矛盾体现的人民日益增长的美好生活需要和不平衡不充分的发展之间的矛盾在乡村地区表现得尤为突出，深度贫困地区主要在乡村，成为全面建成小康社会必须补齐的短板之一。全面建设社会主义现代化强国，艰巨的任务在农村，巨大的潜力也在农村。

实施乡村振兴战略，是解决新时代我国社会主要矛盾的必然要求，是全面建成小康社会的必由之路，是实现"两个一百年"奋斗目标和

---
① 《习近平关于科技创新论述摘编》，中央文献出版社2016年版，第40页。

中华民族伟大复兴的中国梦的内在动力。党的十六大指导农村工作的主题是"全面繁荣农村经济，加快城镇化进程"，将城乡经济社会发展、建设现代农业、发展农村经济、增加农民收入作为重大任务。党的十七大报告从统筹城乡发展的角度将推进社会主义新农村建设放置于"三农"工作部署的统领地位，强调要进一步保障农业的基础性地位，以工促农，以城镇带乡村，形成城乡经济社会一体化的战略格局。党的十八大进一步深化了党的十七大的农业发展战略，以推动城乡发展一体化作为解决"三农"问题的根本途径，指出要进一步释放乡村自身的发展活力，逐步缩小城乡之间发展不平衡不充分的差距，实现城乡共同繁荣。党的十九大报告首次用"实施乡村振兴战略"来统领"三农"工作部署。

从党的十六大到党的十九大对"三农"问题的指示，不难看出我国在全面建成小康社会的道路上，在解决城乡发展不均衡的实践中思想理论的升华与实践探索的深入，展现了从繁荣乡村到城乡统筹，从城乡统筹到城乡一体化，再从城乡一体化到乡村振兴的清晰脉络。这一脉相承的乡村治理与振兴战略体现了党在"三农"问题上思路与目标的一致性与连续性，体现了不断随着时代特征与要求及时调整思想的开放性与科学性。

第一，实施乡村振兴战略，是解决全面建成小康社会发展中不平衡不充分问题的需要。

新中国成立以来，中国的农村与城镇都发生了翻天覆地的变化，特别是改革开放以来，我国城乡面貌继续随着时代变化而日新月异。但城乡二元结构仍然是当前我国社会发展中存在的最大的结构性问题，农业农村发展较大滞后于城镇发展，成为社会主要矛盾的集中体现之一。经过多年建设，农村居民收入增速快于城镇居民，城乡居民在收入上的差距进一步缩小，如2019年，农村居民人均可支配收入为16021元，比2018年增长9.6%，加快0.8个百分点；而城镇居民人均可支配收入为42359元，比2018年增长7.9%，加快0.1个百分点。两相比较，农村居民人均收入增速快于城镇居民1.7%。城乡居民收入比值由2018年的2.69缩小至2.64。但城乡居民收入的绝对值相差依然甚大，城镇居民人均可支配收入是农村居民的2.64倍。收入上的差距相应地带来了消费上的差距，2019年，城镇居民人均消费支出28063元，增长7.5%，扣除价格因素，实际增长4.6%；农村居民人均消费支出13328元，增长9.9%，扣除价格因素，实际增长6.5%。两相比较，虽然农村居民人均消费支出的增速快于城镇居民，但城镇居民人均消费支出是农村居民的2.1倍。在恩格尔系数的比较上，城镇居民为27.6%，农村居民为30.0%，也存在一定的差距。具体到厕所、垃圾处理、污水处理、道路建设、幼儿园、卫生室和执业医师等，城乡差距也是比较明显的。在社会保障上，农村低保、新农合、新农保的标准也低于城镇居民与职工。实施乡村振兴战略，有利于推动农业从增长速度向增长质量的方向发展，增强农业农村的生产力、创新力与竞争力，从而进一步缩小城乡差距。

第二，实施乡村振兴战略，是满足人民群众日益增长的美好生活需要的现实要求。

新时代中国社会主要矛盾的变化，对农业农村的建设与发展提出了新要求。对城镇居民而言，农产品量的需求已得到较好满足，但农产品质量的供应还要进一步提高。除此之外，城镇居民乡村旅游的需求日益高涨，这也对乡村建设提出了更高的要求，不仅需要农村提供充足的、安全的农产品，也需要享受农村清新的空气、洁净的水源、别具风味的田园风光、返璞归真的农耕文化以及乡愁寄托。而从农村

第四章
坚定实施全面建成小康社会的七大战略举措

居民的角度看，农业是安身立命之业，与此同时，农村经济也需要得到全面繁荣，要确保农民有稳定的就业与收入、完善的社会保障与公共服务，让社会主义现代化建设在农村进一步普及。

第三，乡村振兴战略具备现实的实施条件。

党的十六大以来，城乡统筹政策的实施使得新农村建设成效喜人，农村的饮水、通电、通路等日益普及，基础设施条件明显改善，义务教育、新农合、新农保、低保等基本公共服务从无到有、从有到优，发生了历史性的变化。可以说，一直以来的农村建设为乡村振兴战略的实施提供了物质基础和实践经验。特别是党的十八大以来，美丽乡村建设方面摸索出的成功做法，使得农业绿了起来，农村美了起来，农民富了起来。

第四，实施乡村振兴战略是对世界乡村建设经验教训的吸取与借鉴。

从欧洲的乡村建设历史看，有部分发达国家曾经实行过通过价格干预来促进农业发展和农民增收的单一政策。这也是中国早期扶贫工作的一个主要倾向。好处是资金投入效果立竿见影，坏处是大水漫灌之后没有长久的成效。传统经济发展模式带来的快速增长不可避免地给环境带来了严重破坏，城市化进程造成年轻人口大量流失，乡村开始衰落。面对这样的问题，欧美、日韩等较发达国家开始综合考虑农业生产、乡村环境、农民福利的系统建设，转向实行综合性的乡村发展政策。尤其是日本和韩国，在工业化城镇化具有相当规模之后，先后实施了成效较好的乡村振兴计划。而反观拉丁美洲和南亚的一些国家，基本没有意愿或者能力实行乡村振兴，导致了大量失业的农村人口涌入城市，社会发展结构失衡，落入"中等收入陷阱"之中。因此，乡村振兴战略产生的社会影响与效益，不仅涉及农村农业农民，更构成了国家、社会健康运行的基础之一。

二、实施乡村振兴战略的重要举措

实施乡村振兴战略，重点在于立足国情农情，实事求是，因地制宜。就我国的具体情况而言，乡村振兴首先要把握住产业兴旺这个重点不放松，以生态宜居作为提升农村生活质量的关键依据，以乡风文明作为提振农村精神文明软实力的重要抓手，以治理有效作为实施手段，以摆脱贫困、实现农民生活富裕为价值指引，从而推动农业全面升级、农村全面进步、农民全面发展。

第一，将农业供给侧结构性改革引向深入。输血不能代替造血，"三农"问题解决的关键在于培育农业农村发展新动能，提高农民素质，保持发展动力。产业兴旺是农业农村发展的物质基础，必须以新发展理念为指导，深入推进农业的绿色发展，提高农业质量，实现农业的品牌化与特色化，由增产向增质发展，加快实现农业大国向现代化农业强国的转变。

第二，以"两山论"为指导，打造宜居农村新格局。生态文明建设的重点区域在农村，以绿色发展引领乡村振兴，落实以节约、保护、防治和自然恢复为架构的，人与人、人与自然之间和谐相处、共生发展的新格局，推动农村自然资本的增值，既保证了百姓富，又实现了农村美。

第三，以乡风文明为抓手，实现农村文化的大发展与大繁荣。文明乡风、良好家风与淳朴民风是实施乡村振兴战略在精神文明方面的重要表现，要通过不断提高乡村社会文明程度，促使农业有发展、农村有前途、农民有素质。

第四，坚持建设自治、法治和德治"三治"结合的乡村治理新体系。

自治是乡村建设的活力所在，法治是乡村建设的底线依据，德治是乡村建设自我提升的重要途径。开展党委领导、社会协同、民众参与的整体化乡村治理，能在保持乡村社会活力的基础上，保障乡村建设的和谐有序。

第五，切实从提高农村民生水平入手，切实维护农民利益，以实现农民富裕与幸福为出发点和落脚点，提升农民的获得感、幸福感和安全感。

第六，进一步推进城乡融合机制体制，从制度上保障乡村振兴的供给，尤其是在钱、地、人等要素的供给上，一定要破除机制体制上的阻碍，推动城乡要素自由流动和平等交换，让公共资源在城乡之间均衡配置，形成工农互补、互促、融合的新型工农城乡关系。

第五节　区域协调发展战略是全面建成小康社会的关键举措

党的十九大报告从新时代中国区域发展的形势变化、决胜全面建成小康社会与开启全面建设社会主义现代化强国建设新征程的新要求出发，明确提出要实施区域协调发展战略。这是在"两个一百年"奋斗目标历史交汇期中，解决不平衡不充分发展问题的新部署，也是今后一个时期推进区域协调发展的行动指南。党的十八大以来，以习近平同志为核心的党中央高度重视区域协调发展，胸怀国际国内两个大局，制定实施了一系列促进区域协调发展的战略以及相关具体规划、决定、意见等，以"一带一路"建设、京津冀协同发展、长江经济带发展、粤港澳大湾区建设为着力点，逐步优化区域发展空间，形成区域间良性互动格局，进一步增强区域发展协调性，使区域协调发展成为中国经济社会持续健康向好发展的重要动力，以实现经济高质量发展。

一、实施区域协调发展战略对决胜全面建成小康社会意义重大

区域间发展不平衡不充分是我国社会发展的主要矛盾，实施区域协调发展战略是新时代解决人民日益增长的美好生活需要、平衡充分发展的重要途径。空间布局上的不平衡是发展不平衡的重要表现。"千钧将一羽，轻重在平衡"。实施区域协调发展战略，就是要通过增强区域发展的协同性，缩小区域发展差异，从而化解社会主要矛盾。从总体上看，我国经济已经由高速增长逐步转变为高质量发展，效率变革、质量变革与动力变革都是现阶段经济发展的重点，也是区域协调发展的重点。实施区域协调发展，能够很好地发挥各区域自身的比较优势，带动区域寻找适合自身转变发展方式的路径，优化经济结构，续航增长动力。

习近平总书记强调，"全面建成小康社会也有一些短板，必须加快补上。党的十八大明确了全面建成小康社会的新要求，这就是我们的衡量标准，不宜再作调整。要聚焦短板弱项，实施精准攻坚。"[①] 区域协调发展战略要抓住发展的重点，补短板、强弱项。实施区域协调发展战略，必须以集中连片特殊困难地区作为工作重点，以农村贫困人口的脱贫作为主攻方向，解决区域性整体贫困，让贫困人口同全国人民一道步入全面小康社会，打赢决胜全面建成小康社会的硬仗。迈向全面建设社会主义现代化国家的历史新征程，要继续坚持实施区域协调发展战略，促进各地区更加均衡、更加充分、更加协调地发展，在全社会范围内实现共同富裕的社会主义本质要求。

二、建立健全有效的区域协调发展新机制

---

① 习近平：《关于全面建成小康社会补短板问题》，《求是》2020年第11期。

第四章
坚定实施全面建成小康社会的七大战略举措

战略实施好坏取决于是否有一个好的发展机制。要促进区域协调发展朝着高质量、高效率、高水平、高效益的方向迈进，必须以更加有效的区域协调发展机制为依托。

第一，建立区域战略整体统筹机制。在国家重大区域战略融合发展中推动区域战略统筹机制，将机制建设与区域本身的发展结合在一起。我国现已形成"一带一路"建设、京津冀协同发展、长江经济带发展、粤港澳大湾区建设等重大区域建设项目，将西部、东北、中部和东部四个大板块有机联系在一起，促进区域间的融通。一方面，统筹发达地区与欠发达地区的协同发展，推动东部沿海等较发达地区的新旧动能转换与改革创新，支持中西部等地区加快发展；另一方面，建设国家级新区、自由贸易试验区、开发区等优质平台，推动陆海统筹发展，创新开发海洋经济，研究制定陆海统筹政策措施。

第二，建立健全市场一体化的发展机制。城乡之间的均衡发展有赖于生产力要素的自由流动，通过实施全国统一的市场准入负面清单制度，消除区域市场准入中的隐形歧视。与此同时，在区域市场实行一体化建设，按照建设统一、开放、竞争、有序的市场体系要求，推动京津冀首都经济圈、长江经济带、粤港澳大湾区等区域市场在区域内的规划制度统一、发展模式共享、治理方式相结合、区域市场联动的一体化发展新机制，并逐步促成推进全国统一大市场。

第三，不断深化区域合作机制。区域内部要协调，区域之间也要良性合作互动，深化京津冀首都经济圈、长江经济带、粤港澳大湾区等区域合作，加深合作程度与提高合作水平。尤其是以流域为线索，促进上下游的合作发展，加快推进长江经济带、珠江—西江经济带、淮河生态经济带、汉江生态经济带等重点流域经济带上下游之间的合作，打破省级壁垒，加强跨省合作，探索合作共建、利益共享的新机制。

在国际区域间积极开展合作，以"一带一路"建设为平台，以新发展理念为指导，开展更为积极主动的开放战略，构建互利共赢的国际区域合作机制。

第四，在区域间开展合作互助与扶贫协作，将对口支援落到实处，完善区域间利益补偿机制。在基本公共服务上，实行均等化机制，提升基本公共服务的覆盖范围和服务质量，尤其是城乡区域间基本公共服务的衔接与互补。

三、实施区域协调发展战略的重大举措

区域协调发展的目的是要在全国范围内实现经济社会各构成要素的均衡发展与良性互动，做到人口、经济、资源、环境在空间上的均衡，进而促进国家经济在高质量发展的道路上不断取得新的进展。区域协调发展战略是党的十九大提出的决胜全面建成小康社会必须坚持的一项重大战略。以"一带一路"建设、京津冀协同发展、长江经济带建设三大战略引领区域协调发展为主要内容。

第一，要在经济基础薄弱的地区增强发展后劲。越是短板，越有发展空间，也就相应地越有发展后劲，支持"老少边穷"地区在脱贫攻坚战中寻找新起点与新动力。第二，在板块建设上，以西部开发、东北振兴、中部崛起、东部率先四大板块区域布局奠定区域协调发展基础。西部大开发战略推动整个西部地区经济社会持续健康创新发展，在区域发展总体战略中具有优先地位；东北地区等老工业基地振兴战略旨在提升东北地区整体竞争力，打造全国重要的经济支撑带；中部崛起战略意在推动形成东中西区域良性互动协调发展，在全国区域发展格局中具有重要的战略地位；东部率先发展战略发挥发达地区增长引擎和辐射带动作用，引领我国创新发展。第三，推动新的区域战略

持续发力。以"一带一路"建设创新对外投资方式,以京津冀经济圈协同发展疏导北京非首都功能,推进长江经济带的生态优先、绿色发展,协调东中西部互动合作等。第四,以城市群为主体构建城镇协调发展格局,加快城镇化进度,加快农村转移人口市民化程度。

"三大战略"与"四大板块"构成区域协调发展战略的核心内容,是新时代中国区域协调发展的重大举措。辅之以八大城市群、21个自贸试验区、19个国家级新区,共同构成区域协调发展新的战略支点。其中,八大城市群发挥区域辐射带动作用,加速周边社会增长;21个自贸试验区作用在于促进区域开放型经济发展和区域产业转型升级,19个国家级新区对接区域协调发展战略。实施区域协调发展战略,一方面要发挥"三大战略"的引领作用,坚持"四大板块"区域布局的基础地位,加强城市群、自贸试验区和国家级新区等区域协调发展战略支点建设,点面结合,加快构建区域协调发展的新机制,解决区域发展不协调、不平衡的难题,增强区域发展的协同性、联动性和整体性。

第六节 可持续发展战略是全面建成小康社会的内在追求

可持续发展战略是人在对社会进步与自然环境关系的反思与批判中得出的,影响人类社会长久发展的重大战略,体现了人渴望与自然和谐相处、共生共荣的理想以及人与自然矛盾运动的辩证思考。发展是长久的,不是短暂的,所以要考虑的绝不是眼前短浅的利益,绝不可涸泽而渔,而是应该放水养鱼,行稳致远。这既是全面建成小康社会的题中应有之义,也是实现中国特色社会主义现代化强国的本质要求。中国经济社会追求的平衡与充分,不是一时之成就,而是功在当代、利在千秋的大工程,因此,必须走出一条可持续的社会经济发展、人民生活富裕、自然生态良好的文明发展路径。

一、可持续发展是可持续小康的必要条件

全面建成小康社会不是一个时间点，而是一个可持续甚至永续发展的社会状态。我们实现的小康社会不是给一代人建设的，而是既满足当代人的需求，又为后代人的发展创造条件，是一种站位高远、眼界开阔，立足当代、永续未来的发展观。

从我国当前面临的自然资源、人口资源和环境条件来看，坚持可持续发展、循环经济、绿色永续是全面建成小康社会的必由之路，也是全面建成小康社会的客观必然要求。

一方面，全面的小康社会是"五位一体"全面发展的社会，必须坚持以经济建设为中心，全面推进政治建设、文化建设、社会建设和生态文明建设，使社会主义现代化建设的各个环节在社会运行中都能协调发展、均衡进步、充分释放社会发展动能，保证社会发展的持续性与健康；另一方面，自然界的资源是有限的，即使自然界有自我恢复的能力，也需要人类社会给予其相应的恢复时间，而不能一味攫取，直至油尽灯枯。因此，必须转变经济发展方式，以保证自然界具有自我恢复的能力和时间为底线，加强对开发的约束。党的十九大高瞻远瞩，高屋建瓴，提出"人与自然是生命共同体"的科学断言，将人与自然的共生共存共荣的对立统一进行了深刻的描述。正因为人类只有地球这一个家园，一荣俱荣，一损俱损，因此和谐是唯一的出路。"人类必须尊重自然、顺应自然、保护自然。"①

中国建成的小康社会要实现的现代化是人与自然和谐共生的现代

---

①习近平：《决胜全面建成小康社会 夺取新时代中国特色社会主义伟大胜利》，《人民日报》2017年10月28日。

第四章
坚定实施全面建成小康社会的七大战略举措

化,是物质财富和精神财富极大丰富时,也为人类提供丰富的生态文明财富和生态产品,以满足人民群众日益增长的对美好生活、对优美生态环境的需要。

二、用新发展理念引领可持续发展战略

新发展理念是新时代中国社会发展的"指挥棒"与"红绿灯",而可持续发展是我国的国策。可以说,在新发展理念指导下的发展战略必定是可持续的,而可持续发展战略想要真正贯彻落实,使战略本身做到可持续发展,必定要坚持践行新发展理念。

发展是解决社会问题的第一要务,创新则是发展的第一推动力。创新驱动战略,目的在于寻找中国经济高质量发展新的增长极、新的发展动力与强大的竞争力。可持续发展的可持续性就在于从创新发展中不断获取进步的动力。

协调发展是新时代解决社会主义矛盾,促进充分与平衡发展的根本途径与内在要求。协调发展通过协调城乡之间、区域之间在生产力要素、社会公共服务等方面的不均衡的分布与不充分的发展,使薄弱领域的后发优势充分显露出来,成为发展中的强大后劲,为可持续发展提供源源不断的动力。

绿色发展是生态文明建设的本质要求,是人与自然和谐共生发展的必要保证。绿色发展理念将"保护环境就是保护生产力"的内在一致性清晰深刻地传达给人民群众,在社会中形成保护生态、永续发展的氛围,从而为中国永续发展提供智力支持与价值指引。

开放发展的立足点是畅通内外联动,让中国在世界市场中竞争,从而不断获取提升生产力的动能,这是中国社会繁荣的必由之路,更

是为中国发展拓展出更大的更新的空间,从而实现发展的延续性与可持续性的必由之路。

共享发展体现了社会主义国家的性质与社会主义的本质要求,是实现社会公正公平的必然途径。共享发展是保障社会稳定、提高中国经济发展韧性的有力依托。

可以说,新发展理念构成了可持续发展的内在灵魂与理念支撑,为可持续发展战略指明了发展方向与价值目标。

三、坚持可持续发展战略的重要举措

2016年,联合国牵头提出的《2030年可持续发展议程》正式启动,从经济社会、环境生态与和平正义三个层面为世界发展愿景提出了17项发展目标,分别是:"在全世界消除一切形式的贫困;消除饥饿,实现粮食安全,改善营养状况和促进可持续农业;确保健康的生活方式,促进各年龄段人群的福祉;确保包容和公平的优质教育,让全民终身享有学习机会;实现性别平等,增强所有妇女和女童的权能;为所有人提供水和环境卫生并对其进行可持续管理;确保人人获得负担得起的、可靠和可持续的现代能源;促进持久、包容和可持续的经济增长,促进充分的生产性就业和人人获得体面工作;建造具备抵御灾害能力的基础设施,促进具有包容性的可持续工业化,推动创新;减少国家内部和国家之间的不平等;建设包容、安全、有抵御灾害能力和可持续的城市和人类住区;采用可持续的消费和生产模式;采取紧急行动应对气候变化及其影响;保护和可持续利用海洋和海洋资源以促进可持续发展;保护、恢复和促进可持续利用陆地生态系统,可持续管理森林,防治荒漠化,制止和扭转土地退化,遏制生物多样性的丧失;创建和平、包容的社会以促进可持续发展,让所有人都能诉诸司法,

第四章
坚定实施全面建成小康社会的七大战略举措

在各级建立有效、负责和包容的机构;加强执行手段,重振可持续发展全球伙伴关系。"[1] 这 17 项可持续发展目标的核心是以人为本,尊重自然,在自然可供给的范围内进行社会发展,既保障人类经济社会发展的可持续性,又能保证自然界在供给与自身恢复之间的平衡,更要体现人与人之间的和谐友好,国与国之间的睦邻友善,发展共赢,维护世界和平与正义。从《2030 年可持续发展议程》正式启动以来,中国一直严格按照要求与目标践行倡议,并每年发布《中国落实 2030 年可持续发展议程进展报告》,体现了中国对世界与人类责任的高度重视,对可持续发展战略的坚持与维护。

中国的可持续发展战略旨在理顺经济、人口与环境三方面的关系,胸怀国际国内两个大局,立足自身,在做好自己事情的前提下,放眼世界,构建在世界范围内互联互通,合作共赢的可持续发展模式,为世界的可持续发展作出贡献。

第一,全面建成小康社会,坚持可持续发展,必须坚决打好三大攻坚战。我们社会发展中的不平衡与不充分不仅指的是经济发展的不平衡与不充分,还包括环境保护与社会治理中出现的不平衡与不充分。全面建成小康社会提出的三大攻坚战正是分别对应经济、社会与生态环境中阻碍可持续发展的现象与趋势提出的攻坚任务,不仅是决胜全面建成小康社会的艰巨任务,也是实现中国社会可持续发展的客观要求。

第二,全面建成小康社会,坚持可持续发展必须要深入推进生态文明建设,建设美丽中国。美丽中国是党的十九大特别强调的社会主义现代化强国的目标与内涵,是在"五位一体"总体布局基础上升华

---

[1] 《变革我们的世界:2030年可持续发展议程》,联合国中文网站https://www.un.org/zh/documents/treaty/files/A-RES-70-1.shtml。

出来的重要理念。中国的小康社会是全面的，这就说明经济单方面的增长并不能体现全面的意涵。我们现在提出的高质量发展就是要让经济的发展符合自然界的规律，让经济在保护生态、美丽中国的红线中发展。中国所说的现代化是人与自然和谐共生、相辅相成的现代化，是要在利用自然、开发自然的前提下，始终尊重自然，尽可能地还自然以宁静、赋予自然以和谐、让自然越来越美丽。习近平总书记提出的"金山银山就是绿水青山"的"两山论"从理念上明确了人与自然的关系。中国历史上最严格的新环境保护法的颁布与实施，以法律的权威彰显了中国社会对环境保护的重视。中央的环保督察行动起到了积极有效的监督与预防作用，促使各地方出重拳打击污染环境的做法、遏制污染环境的势头。在创新生产方面，我国积极发展生态经济，将创新重点放在新能源、新材料等对环境污染小、对生产力有长效促进作用的科技创新上，经过长期的艰苦创新与奋斗，中国在新能源的技术创新方面已经在世界居于领先位置。与此同时，绿色经济、低碳经济、循环经济以及电商平台的搭建，成为中国工业改革转型升级的有力支撑。

第三，全面建成小康社会，坚持可持续发展，必须时刻将保障与改善民生、回应人民群众对美好生活的需求与呼唤当作可持续发展的价值追求与核心要求。从联合国发布的《2030年可持续发展议程》中可以看出，无论是经济、社会还是环境，最核心的内容与价值所在都指向人的发展与价值。人的全面发展是社会全面发展的核心，人的可持续发展是世界可持续发展的核心。因此，可持续发展从价值指引上说，是以民生建设为重点，以推进社会公平、公正与和谐为方向。坚持可持续发展战略的切入点是抓住关乎人民群众切身利益、他们最直接、最现实的利益诉求，尽力而为，脚踏实地地一件事情接着一件事情地完成落实，同时又要量力而行，尊重社会发展的规律与中国现实的情况。可持续发展不是一蹴而就，不是浅尝辄止，更不是点到为止，而是一项由一代代人接续努力、久久为功的重大工程。在这项重大工程的实施中，经济发展、社会治理与环境保护能力得到有效提升，人民群众的获得感、幸福感与安全感更加充实和持久。

第四，全面建成小康社会，坚持可持续发展，要在全球范围内倡导构建生态保护人类命运共同体。可持续发展与环境保护不是一个地区、一个国家甚至一个大洲的事情。世界经济进入全球化时代，人类的交往与流通前所未有地频繁，如果不能在全球范围内建立人类对环保、对可持续发展的重视，不能在全球范围内共同采取措施形成合力的话，人类的可持续发展是无法长久实现的。以2020年新冠肺炎疫情的全球大流行为例，一个或几个国家对病毒的倾力抗击固然重要，但是由于个别国家推卸责任，对本国疫情管理的失控，造成病毒不断在世界范围内传播的局面。可持续发展也是如此，负责任的国家尽力维护的努力可能抵挡不住某些不负责任的国家以邻为壑污染环境的做法。因此，建设生态文明不是一个国家内部、一个地区内部的意识与行动，必须在全球范围内进行推广。生态保护不仅关乎某一个民族或者国家的未来，而是关乎整个人类的未来，我们共同居住的地球家园的未来。必须让国际社会摒弃偏见，在生态文明和可持续发展问题上携手并肩而行，承担自己应尽的历史性责任。

第七节 军民融合发展战略是全面建成小康社会的安全保障

国家安全是全面建成小康社会的底线与保障，而军民融合发展是保障国家安全能力的重要战略。党的十八大以来，习近平总书记深刻把握世情、国情、党情与军情的变化,在国家总体战略和全面建成小康社会的现代化战略中将安全放在重要位置,把军民融合发展上升为国家战略,纳入党和国家发展全局,将其确立为兴国强军的重要举措。在党的十九大上,军民融合发展战略被确立为全面建成小康社会的七大战略之一,并被写入党章,表明了新时代军民融合迎来了新机遇,为军民融合提出了新要求。习近平总书记对军民融合战略做出了一系列重要论述,以习近平同志为核心的党中央形成了一系列重大决策,构成了中国军民融合深度发展的重要格局,凸显了一体化的国家战略体系和战略能力。

一、军民融合发展战略的主要内容

习近平总书记关于军民融合发展做出了一系列重要指示与论述,系统回答了如何构建军民融合发展的格局、以什么方式统一指导、以什么样的体系做出有力保障等,也就是说军民融合发展战略需要解释为什么融合、融合什么以及怎么融合的问题。这些具有全局性和方向性的问题,构成了新时代全面建成小康社会进程中坚持实施军民融合战略发展的主要内容。

(一)以建立"全要素、多领域、高效益"的军民融合深度发展格局为总体目标

2014年3月,习近平总书记出席十二届全国人大二次会议解放军代表团全体会议并发表重要讲话指出,实现强军目标,必须同心协力做好军民融合深度发展这篇大文章,既要发挥国家主导作用,又要发挥市场的作用,努力形式全要素、多领域、高效益的军民融合深度发展格局。2015年3月,习近平总书记在十二届全国人大三次会议解放军代表团全体会议上强调将军民融合上升为国家战略,标志着我国军

第四章
坚定实施全面建成小康社会的七大战略举措

民融合发展战略进入一个全新的发展建设时期。

"全要素"要求军民融合的各类资源要在人才、物资、信息、技术等方面充分融合与充分渗透。这种全要素、全方位的融合是随着世情、国情与军情的改变而发生的改变。在新中国成立初期，为应对我国相对落后的经济社会发展水平与公共服务水平，在保证军民分割、独立运行的前提下，采取"军民结合"的方式，以军用和民用在某些领域的互通来起到相互支撑与补充的作用，和现在的军民融合相比，早期的军民结合相对粗放与简单。随着改革开放以来，中国经济社会加速发展，在科技创新等方面不断提升水平，综合国力不断增强，军用与民用虽各自有独立运行的领域，却由结合进入了融合阶段，界限逐渐变得模糊，融合也变得愈加紧密，你中有我，我中有你。军民融合发展战略要求在数量上实现更多要素的融合，让人才、物资、信息、科技等要素尽可能地突破军民领域限制，实行军用和民用的资源共享，在彼此的竞争中，激发更大的活力，从而形成国家的整体要素在军用、民用两大领域内的深度整合与统筹。军民融合发展战略要求在质量上深度协调，从内涵与本质上打破军民分割传统，从生产标准上统一军民产品的实用性、兼容性与共享性，提高军民产品互用的水平，从体系上形成军民领域全要素资源的优化配置。

"多领域"要求拓宽军民融合的范围与领域，实现宏观上从武器装备设计生产、科研人才培养、后勤保障、国防动员、基础设施、经济布局，微观上从海洋到天空、电磁网络等领域的深度融合。科技发展逐渐模糊与缩小了军民分割的界限，使得军民两种建设的融合面越来越大，国防工业体系的创新有赖于国民教育对军事人才的培养，有赖于社会化全领域的军队保障，有赖于整个社会的经济布局与重大基础设施的支撑，有赖于基于全球经济一体化和国家安全需要将军民融合向海外发展方向如主权高危方向、战略通道方向、资源富庶方向、国际责任方向以及侨民聚集方向等推进。

"高效益"要求提高军民融合资源的利用率,尽可能地避免资源浪费。为了达到这一目标,应该将经济建设与国防建设搭建在一个共享的经济科技平台之上,实现军用与民用资源畅通无碍地流通与共享,保障经济建设上实现国防效益最大化和国防建设上实现经济效益最大化。我们可以将军民融合的高效益理解为在成本上是"1+1<2",而产出上是"1+1>2"。

总体来说,军民融合发展战略是一项异常复杂的系统工程,但如果实施得好,带来的收益与社会促进的效果是巨大的,因此该战略对国家的顶层设计提出了更高的要求,也对市场规律把握及两者的协调提出了新的挑战。因此,坚持军民融合发展战略必须以国家为主导,以市场机制的调配作用为基础,建立公平竞争和开放创新的市场体系。

在中央政治局第十五次集体学习时,习近平总书记强调要用好"两只手"的作用,即更好发挥"看得见的手"政府作用和"看不见的手"市场在资源配置中的决定性作用。这一点在军民融合发展战略中同样适用。

(二)以经济建设与国防建设统一为军民融合发展战略内涵

军民融合简言之就是要在经济建设与国防建设统一的基础上,有效实现军用资源和民事资源统一的优化调配。可以说经济建设和国防建设的两个统一是我国军民融合发展战略的基本内涵。新时代,随着中国特色社会主义进入新的历史方位,军民融合发展关系到国家综合实力的整体提升、经济的高质量可持续发展与社会的长治久安,是决定中国是否能实现社会主义现代化强国的关键,既关系到国家兴衰,也关系到军队建设的强弱。

第四章
坚定实施全面建成小康社会的七大战略举措

党的十八届五中全会从国家发展全局和国防安全建设的大局出发，强调要进一步推动经济建设和国防建设的深度融合发展，要让国家的发展与国防的安全统一共进，既要富国家，也要强国防。经济建设是国防建设的依托，国防建设是经济建设的保障。弱国的经济即使富裕也无法独立维护，往往在军事上沦为强国的附庸，而强国必须有雄厚的经济为支撑，同时也有强大的军队来保护国家安全。经济发展与军事建设如同社会发展的鸟之双翼、车之两轮，不可偏废，军民融合就是要让这二者更加协调地配合在一起。

国防现代化是国家现代化的题中应有之义，从军队而言，要自觉融入经济发展的整体体系之中，而经济发展要注重贯彻国防建设的需求。实行军民融合发展战略，本质就是要将经济建设和国防建设自觉统一于社会的整体发展之中，共同推动社会发展。

（三）以"三个体系"建设勾画军民融合发展蓝图

2015年3月，习近平总书记出席十二届全国人大三次会议解放军代表团全体会议时指出：要强化改革创新，着力解决制约军民融合发展的体制性障碍、结构性矛盾、政策性问题，努力形成统一领导、军地协调、顺畅高效的组织管理体系，国家主导、需求牵引、市场运作相统一的工作运行体系，系统完备、衔接配套、有效激励的政策制度体系。[1] 高效的组织体系、统一的工作运行体系和系统完备的政策制度体系完整地勾画出了实施军民融合发展的宏伟蓝图。

组织管理体系是军民融合发展战略的中枢，统摄着国民经济与国防建设、社会发展与军队建设的双重融合，涉及各个系统的诸多领域与部门，影响军队和地方各部门的重大利益格局调整。2017年成立的中央军民融合发展委员会由习近平总书记担任主任，承担了总体的组

---

[1]《深入实施军民融合发展战略 努力开创强军兴军新局面》，《人民日报》2015年3月13日。

织管理体系任务，标志着我国军民融合发展战略在组织体系的建设上进入新的发展阶段。

工作运行体系是在组织管理的总体布局之下，具体运行军用资源和民用资源的统筹、共享与融合，目的是将社会经济建设与国防军事建设融合发展，形成合力。在这个工作运行体系中，国家要在体制机制的运行中起到主导作用，确定军民融合的大方向，护航军民融合的全过程以及在重点领域推进重点融合。

政策制度体系是要从政策、法律与法规上规范标准，划清以往模糊的界限，完善保护措施。原有的《关于深化国防科技工业投资体制改革的若干意见》《关于非公有制参与国防科技工业建设的指导意见》以及《关于推进军工企业股份制改革的指导意见》在军民融合发展上起到了积极作用，但随着世情、国情、军情的变化，仍然需要在政策制度体系上不断创新发展，形成更符合时代特征，更适应客观需要的新政策、新制度与新法规。

二、新时代推进军民融合发展战略的重要抓手

2015年3月，习近平总书记出席十二届全国人大三次会议解放军代表团全体会议时指出把军民融合发展上升为国家战略。为此必须做到"四个强化"，即强化大局意识，强化改革创新，强化战略规划和强化法制保障。这四个强化指明了军民融合发展战略的工作方向与工作重点，点出了军民融合发展的基本环节，是新时代推进军民融合发展战略的重要抓手。

（一）强化大局意识是推进军民融合发展战略的基本前提

军民融合不是简单的军用与民用如何结合的问题，而是涉及整个社会的发展进步、整个国家安全与综合国力的重大战略，必须要放在

经济社会发展的全局中去谋划与实施。习近平总书记提出推进军民融合要强化大局意识,要树立"一盘棋"的思想,其实质是要树立正确的利益观,突破部门与地区狭隘的短暂的利益,而且要在整个国家利益的大平台上打通军民界限,整合利益关系,形成发展的合力。从这个角度来看,无论是军用还是民用,双方都需要摒弃原有的思维窠臼,以大局为重,转变过去军队和地方分割运行、自成一体、各自为政的陈旧观念与格局,让"民"主动"参军",让"军"主动"爱民"。

(二)强化改革创新是推进军民融合发展战略的根本途径

创新发展是解决社会矛盾的根本要务,同时也是军民融合发展战略的根本出路。制约军民融合发展中存在的体制机制阻碍,结构不合理、不平衡造成的矛盾冲突以及政策解释不清晰形成的发展误区,都亟待创新来突破。只有不断创新思维,创新工作方式,创新政策法规,才能解放思维的束缚,才能不断适应时代的进步与科技的变革,才能形成更加牢固的、更有深度的军民深度融合新格局。

强化机制上的改革创新是要通过推进国防科技工业体制改革的深化,以改革军民融合发展过程中存在的体制机制及政策方面的问题为重点,不断开创军民协同创新,探索更有利于军民融合发展的体制机制。

强化科学技术上的创新指的是民用与军用上的协同创新。尤其是军事创新面临着艰巨的任务,要在新的复杂诡变的军事发展形势下打赢现代化战争,捍卫国家安全。

(三)强化战略规划是推进军民融合发展战略的基础工程

强化战略规划旨在解决军民融合发展战略的顶层设计。进入新时代,中国经济社会进入重要的发展机遇期与转型期,在经济环境、法治环境和政策环境不稳定、不完善的情况下,实施军民融合发展国家战略,必须要在一盘棋上统筹规划国家经济社会发展与军事建设布局,全面深入地加强军队和地方发展规划的衔接，制定更加切合实际、行之有效的战略规划并一以贯之，以强大的政策推动力与战略执行力锻造国家安全和发展为一体的利益。

（四）强化法治保障是推进军民融合发展战略的根本要求

法制健全、运行有序是社会稳定发展的根本保障，通过法治来集中体现党和国家意志，规范全社会成员的行为，是深入实施军民融合发展国家战略的根本要求，运用法治思维和法治方式来解决军民融合发展进程中的问题。

依法治国是我国的基本国策，社会主义法治体系正在不断完善，军民融合发展相关的法治建设也需要不断强化与巩固。要通过不断树立法治思维，将法治精神贯穿与融入军民融合发展的全程，让法治观念在人民心中生根发芽，逐步建立系统的程序化、规范化、法治化的工作流程与机制，防止决策中的主观化与情感化，从而让法治理念成为促进军民融合发展的思想武器与机制保障。

第五章
全面建成小康社会的重大意义与经验启示

改革开放40多年来，中国坚持走独立自主的发展道路，取得了辉煌成就与成功经验，"拓展了发展中国家走向现代化的途径，给世界上那些既希望加快发展又希望保持自身独立性的国家和民族提供了全新选择，为解决人类问题贡献了中国智慧和中国方案"[①]。全面建成小康社会是实现中国社会由"先富"转为"共富"的关键举措，是开启社会主义现代化强国的基础与序幕。中国不仅在全面建成小康社会的过程中增强了综合国力，坚定地迈向中华民族伟大复兴中国梦的远大征途，也对保障世界和平与促进世界发展贡献了强大力量。中国全面建成小康社会的伟大实践对促进联合国千年发展目标的实现有着重大影响，并将持续不断地推动世界经济增长，创新和构建公平公正的全球治理体系，促进人类命运共同体的构建，把世界人民对美好生活的向往变为现实，一方面书写了属于中国人的绚丽篇章，另一方面创造了世界的美好与辉煌。

第一节　全面建成小康社会促进人类社会进步

中国是世界上最大的发展中国家，全面建成小康社会，将改革发展的成果惠及十几亿人口，是对世界减贫事业实实在在的贡献，是对人的全面发展切切实实的促进。

曾几何时，在西方发达资本主义国家的有色眼镜中，社会主义是贫穷的代名词，中国是落后的代言人。在改革开放初期的1981年，中国绝对贫困人数高达8.35亿人，占世界贫困人口总量的43.1%。改革开放以来，秉持"一勤天下无难事"理念的中国人，在中国共产党的科学领导下，用辛勤诚实的劳动、创新发展的行动，在1981年到2012

---
① 《深入实施军民融合发展战略 努力开创强军兴军新局面》，《解放军报》2017年3月23日。

年，完成了减贫人口 7.9 亿的壮举，总人数超过美国、俄罗斯、日本和德国四个国家的人口总和，减贫人数占到世界减贫人口的 72%。按照我国现行人均年收入 2300 元人民币的贫困线标准，从 2012 年到 2017 年，中国完成了 6000 多万人口的稳定脱贫，贫困发生率从 10.2% 迅速降到 4% 以下。

一方面，中国社会生产力与综合国力实现了历史性跨越，实现了人民生活从贫困到温饱，从温饱到总体小康，从总体小康到全面小康水平的飞跃。中国率先完成了联合国千年发展目标，为全球减贫事业做出了示范，为人类战胜贫困树立了信心，回击了西方资本主义国家对社会主义国家发展前景的偏狭预测与错误估计。

另一方面，全面建成小康社会有利于促进人类的全面发展。人是社会的组成部分，是社会化的存在，社会的全面发展归根结底是人的全面发展。全面建成小康社会一直以来将促进人的全面发展作为最高的价值目标来追求，这既是社会主义核心价值观的根本理念，是社会主义制度优越性的重要体现，更是人类社会进步的大势和世界人民的共同期盼。为了衡量联合国成员国经济社会发展总体水平，联合国开发计划署于《1990 年人文发展报告》中采用了人类发展指数（HDI）的指标体系。这个体系的特点是全面性综合性强，不光注重考察经济数值的增长，还考虑到文化、教育、医疗、就业、民生、幸福感受等方面的指标，力争全方位反映人全面发展领域的改善。应该说，以这个较为全面的指标来衡量社会发展水平相对合理。按照人类发展指数的标准体系，据 2019 年 12 月发布的《2019 年人类发展指数报告》显示，中国的人类发展指数高达 0.758，比 1990 年的 0.501 提高了 51.1%。按照联合国的评价，中国已经从原本的"中等人类发展指数"升至"高人类发展指数"，在全球 189 个国家中排名达到第 85 位。

中国的发展前途可期，但世界的情况并不容乐观。正如习近平总书记指出的："发展不平衡是当今世界最大的不平衡。"① 联合国发布的《2019年人类发展指数报告》呈现出对无法改变世界不平等秩序而导致的人类发展整体减缓的深切担忧。中国能在全球发展放缓的时候保持强有力的平稳提升，保持发展的平衡，与中国共产党的有力领导、马克思主义的科学指导、中国特色社会主义道路的正确引导、中国人民勠力同心的奋斗紧密相连、不可分开。

第二节　全面建成小康社会促进世界经济发展

全面建成小康社会是中国实现现代化发展的重要阶段，因此最根本的任务是进一步解放和发展生产力，最核心的标准是有利于生产力发展的原则，最直观的指标是经济增速。正是在这个意义上，我国一定要坚持以经济建设为中心不动摇。中国全面建成小康社会的伟大实践，不仅解决了中国社会发展面临的现实问题，而且为世界经济发展带来了机遇和动力。

经过改革开放40多年来坚忍不拔的奋斗，中国成为世界第二大经济体，第一大外汇储备国，第一大贸易国，第二大贸易服务国，第二大对外投资国。中国也是世界上唯一拥有全部工业门类的国家。在全球贸易体系中，中国地位举足轻重，影响日益增强。今天的中国不仅是中国人的中国，也是世界人民的中国。中国的发展需要世界，世界的发展也离不开中国。后国际金融危机时代，在发达国家经济集体陷入低迷之时，中国对全球经济增长的平均贡献率始终保持在30%以上。

中国提出的推进"一带一路"建设、构建人类命运共同体，表达

---

① 《习近平谈治国理政》第3卷，外文出版社2020年版，第493页。

了中国敞开胸怀，迎接世界，为世界发展与未来前景贡献力量的诚意与决心。与世界人民共建"一带一路"，是中国对提振全球经济、寻找世界经济新的增长动力的探索与贡献，其核心内涵是通过加强基础设施的建设和互通，促进各国之间经济政策的协调发展与战略对接，以顺畅的协同联动，共行进步之通途，实现共同之繁荣。"一带一路"建设不仅对沿线国家、地区经济增长提供直接动力，也对全球经济提升助力良多。中国的社会主义国家性质决定了，中国永远不会追求"风景这边独好"，而是期盼"百花齐放春满园"。"事实证明，共建'一带一路'不仅为世界各国发展提供了新机遇，也为中国开放发展开辟了新天地。"①

第三节　全面建成小康社会拓展发展道路选择

每个国家都有着自己独特的文化传统、民族性格、历史命运与国情，所以我们应该尊重每一个国家独立自主选择适合自身特点的发展道路。中国是如此，其他国家也是如此。发展没有现成作业可抄，发展也不应该是在霸权威胁下的被迫套用，发展应该是在彼此尊重中的交流互鉴、求同存异。中国全面建成小康社会的历史进程是没有任何现成样板、可以套用的试验，中国摸着石头过河的探索取得的成功经验也从不私藏，而是在尊重各国独立自主的基础上，无私地供世界人民参考。

全面建成小康社会，走向现代化，对世界各国的发展道路选择提供了引导性的参考。实现现代化是世界人民的理想，中国现代化的提出也是在参考世界发展趋势的基础上做出的历史性选择。因此，实现什么样的现代化，怎样实现现代化，不仅是中国的时代课题，也是世界

---

① 《习近平谈治国理政》第3卷，外文出版社2020年版，第490页。

的时代课题。与中国全面建成小康社会的成就相比,"拉美现象"是很多国家难以摆脱的怪圈。陷入"拉美现象"怪圈的国家财富与特权由少数利益集团把控,贫富悬殊巨大;中产阶级发展萎缩,无法为社会发展提供稳定力量;大多数人在前现代水平生活,加剧社会动荡因素。总而言之,"拉美现象"有增长,无发展;富裕了少数人,贫穷了多数人。"拉美现象"出现的根本原因是许多发展中国家或主动地陷入对西方发展模式的路径依赖,或被动地选择了西方模式,用一套根本不适合自己国家特点的框架来套弄自身,最终既丧失了自身原有的特色动力,又无法在异己的生产关系中寻找生产力的生长点,于是陷入恶性循环,难以自拔。

1978年,在社会发展的历史岔路口,中国共产党既开放眼光,又保持战略定力,在中国历史、传统、文化与国情等总体格局之上,自主地选择了适合中国社会与中国人民的发展道路,并且坚定不移地走下去,不为外界风雨所动,不为嘈杂之声所惑,在自己的路上行稳致远。中国全面建成小康社会的发展历程,既从根本上解决了社会主义中国欠发展的历史问题,又突破了长期以来对西方现代化道路的迷信,打破了西方现代化模式的霸权与话语权垄断,使世界人民认识到,全球化并不是西方化,西方化并不是现代化的唯一途径,实现了中国人民从富起来到强起来的伟大飞跃。

中国全面建成小康社会的成功经验给发展中国家的启示是,各国都要有独立自主走向现代化的历史自觉与历史自信。世界上没有整齐划一、放之四海而皆准的发展模型,各个国家实现现代化的道路可以多种多样,不能因为某一种模式在别国的成功就盲目迷信某一种模式的科学性与合理性。"橘生淮南则为橘,橘生淮北则为枳",要具体情况具体分析,根据自己国家的历史、文化、传统、国情,自主选择自己的发展道路，注重培育道路选择的独立性、自主性和内生性，从而在世界交往中不受制于人，保持生存发展的主动性和把握生存发展的主导权。

第四节 全面建成小康社会要坚持党的领导，提升党的执政能力

全面建成小康社会是社会主义现代化建设重要的发展阶段与战略安排。小康社会与社会主义现代化一样，都是历史的、发展的概念，既没有固定的模式和统一的道路，也没有现成的参考答案与实验模板，特别是因为各个国家的国情与外部条件不同，"抄作业"很可能水土不服，因此，必须开创具有自身特色，适宜客观条件，符合自身发展规律的社会发展道路。在全面建设小康社会的过程中，有一些独特的经验启示，是我国之所以能够取得巨大成功的根本保障。

全面建设小康社会是由中国共产党在马克思主义科学理论指导下，在马克思主义中国化的过程中，以发展马克思主义的重要思想为执政兴国的第一要务，以人民为本，紧紧依靠人民，促进社会全面、均衡、充分发展的伟大实践，是实现中华民族伟大复兴中国梦的重要组成部分，必须牢牢坚持党的领导、以人为本和新发展理念的基本原则。

"中国共产党领导是中国特色社会主义最本质的特征，是中国特色社会主义制度的最大优势，党是最高政治领导力量。"[1]在中国人民站起来、富起来、强起来的过程中，贯穿着中国共产党的有力支撑。在中国人民抗击疫情、地震等自然灾害的过程中，贯穿着中国共产党的科学引领。在中国人民面对外部干涉与滋扰时，贯穿着中国共产党

---

[1]《中共中央关于坚持和完善中国特色社会主义制度　推进国家治理体系和治理能力现代化若干重大问题的决定》，《人民日报》2019年11月6日。

的坚强保护。中国共产党"担负着团结带领人民全面建成小康社会、推进社会主义现代化、实现中华民族伟大复兴的重任。党坚强有力,党同人民保持血肉联系,国家就繁荣稳定,人民就幸福安康"。①

在小康社会建设30多年的各个历史阶段里,中国共产党的坚强领导始终是保证发展方向不偏离的护航旗、是保证发展动力不中断的续航池、是解决发展中矛盾问题的勤务兵。坚持中国共产党的领导,不是历史的偶然,而是历史的必然,是人民的选择。邓小平曾经说过,"在中国这样的大国,没有这样一个党的统一领导,是不可设想的,那就只会四分五裂,一事无成;我们人民的团结、社会的安定、民主的发展,都要靠党的领导。"②面对新时代中国社会主要矛盾的变化,面临国际外部条件的复杂多变,唯有坚持中国共产党的领导,才能平安渡过急流险滩,才能突破迷雾封锁,才能于狭路相逢中勇往直前,才能于世界的海洋里乘风破浪。正如习近平总书记说的那样,"坚持党的领导是方向性的问题,必须旗帜鲜明、立场坚定,决不能羞羞答答、语焉不详,决不能遮遮掩掩、搞自我麻痹。"③

全面建设小康社会和实现中华民族伟大复兴的中国梦是历史与人民赋予中国共产党的重要使命,也是中国共产党对人民庄严的历史承诺。为了实现这一使命,践行这一承诺,中国共产党必须始终不忘初心、铭记来路,牢记使命、坚守承诺,不断提升党的领导水平和执政能力,依靠不断学习走向未来,深入推进党的自我革命。

牢牢抓住思想建设,用理想信念固本培元,用党性教育强筋健骨。组织上入党一生一次,思想上入党一生一世。要将马克思主义科学理论与中国具体国情相结合,贯穿于全面建设小康社会,实现社会主义

---

① 《十八大以来重要文献选编》(上),中央文献出版社2014年版,第79页。
② 《邓小平文选》第2卷,人民出版社1994年版,第341-342页。
③ 《习近平谈治国理政》第3卷,外文出版社2020年版,第85页。

第五章
全面建成小康社会的重大意义与经验启示

现代化和中华民族伟大复兴的全过程中，强化党员干部的理想信念建设与社会责任感的培育，消除精神懈怠的执政风险，坚持求真务实的工作作风，力戒浮夸虚妄，反对形式主义，以真心换真情，保持与群众的血肉联系。

牢牢抓严格管理，以各级党组织强有力的指导作用与管理力量为抓手，以提升全体党员的政治觉悟与责任意识为路径，增强政治意识、大局意识、核心意识、看齐意识，发扬为人民服务的宗旨，当好人民群众的"勤务兵"。

牢牢抓执纪从严，纪律建设是治党从严的根本之策。习近平总书记指出："把纪律挺在前面，着力解决人民群众反映最强烈、对党的执政基础威胁最大的突出问题。"[①]无论是中央出台的八项规定，还是反对"四风"，都体现了党从严管理纪律，坚决反对党员干部特权的坚定决心与强大力度，保证了全党上下协调一致、齐心协力的良好局面。

牢牢抓严格用人。人是社会进步最宝贵、最具活力的动力源泉，党员干部是一个党政治上把准方向、道德上公正廉洁、作风上联系群众、动力上常葆青春的源泉。习近平总书记指出："政治路线确定之后，干部就是决定的因素。"[②]在干部任用上，要选贤任能，从岗位需要选择合适的人才，而绝不能任人唯亲、因人设岗。高素质干部是保障伟大斗争胜利、宏伟事业成功的关键所在，要把它当作关系党和人民事业发展的关键问题、根本问题来对待。全面建成小康社会是建设社会主义现代化的阶段性目标，今后党和国家将面临更多的变局，其中

---

① 习近平：《决胜全面建成小康社会 夺取新时代中国特色社会主义伟大胜利》，《人民日报》2017年10月28日。
② 《深入学习习近平外交思想，努力开创中国特色大国外交新局面》，《人民日报》2020年1月6日。

蕴含着诸多风险与挑战，就党自身而言，能力不足的风险必须得到重视。因此，一定要培育具备优秀素质的人才队伍，任用那些有积极为党和人民干事意愿的干部、能够积极为党和人民干事的干部，能够在实际工作中干成事的干部，让他们将党的总体思路与科学部署贯彻到工作的方方面面、各个环节，做到"应变局、育新机、开新局、谋复兴"①。

牢牢抓党风建设。党风就是党的形象，是党员在人民群众心目中的直接表现，中国共产党之所以能够得到广大人民群众的拥护，很重要的一个原因就是中国共产党能够保持健康的肌体、廉洁公正的风气。"为政清廉才能取信于民，秉公用权才能赢得人心"②，党风是党安身立命的基础，是决定人心向背的关键，更是关系到党生死存亡的根本。脱离群众和消极腐败是严重威胁党发展的重大风险，必须从自身做起，花大时间、下大力气，革除体制弊端、清朗党内风气，"增强党自我净化、自我完善、自我革新、自我提高能力"③，保持对共产主义的坚定信仰，保持与人民群众的血脉相连。

在全面建设小康社会和脱贫攻坚的关键决胜期，我们的冲刺决胜不是结束，而是新的开始。"船到中流浪更急，人到半山路更陡"，这是现实状况，而我们应该船到中流当奋楫，人到半山愈攀登。改革开放跋山涉水，渡过各种激流险滩，全面建成小康社会奋进了千山万水，仍需再接再厉。面对复杂的内外部环境，必须牢牢把握住中华民族伟大复兴的战略全局和世界百年未有之大变局，将这两个大局作为党谋划工作的基本出发点，在建设社会主义现代化的新的"战役"中，

---

① 习近平：《贯彻落实新时代党的组织路线　不断把党建设得更加坚强有力》，《求是》2020年第15期。
② 《习近平关于党风廉政建设和反腐败斗争论述摘编》，中央文献出版社、中国方正出版社2015年版，第4页。
③ 《习近平关于党风廉政建设和反腐败斗争论述摘编》，中央文献出版社、中国方正出版社2015年版，第9页。

赢得主动、占据先机、拥抱未来。"打铁还需自身硬",坚持党的领导和加强党的建设与提高党的执政能力,是将改革不断推向深入的关键引领,是全面建成小康社会的根本保障。

第五节 全面建成小康社会要坚持以人民为中心,得到人民认可

2017年7月27日,习近平总书记在省部级主要领导干部专题研讨班开班式上强调:"到2020年全面建成小康社会,实现第一个百年奋斗目标,是我们党向人民、向历史作出的庄严承诺",我们要"使全面建成小康社会得到人民认可,经得起历史检验"[1]。群众路线是中国共产党的生命线与根本工作路线,群众观点是历史唯物主义和无产阶级政党的基本观点。在历史唯物主义的思想体系中,人民群众创造了历史、推动了社会进步,换句话说,人民是历史的创造者。全面建成小康社会能否取得最终的决胜,验证的关键在于人民认可不认可。人民创造了丰厚的物质财富,也铸就了辉煌的精神文明;人民是社会变革的根本力量,也是验证历史变革、社会发展是否成功的最终检验者。党的十九大强调,"为什么人的问题,是检验一个政党、一个政权性质的试金石"[2]。可以说,以人民为中心、为人民服务、为人民根本利益工作确保了中国共产党社会主义的先进性质。全面建成小康社会的根本目的在于带领人民解放和发展生产力,实现共同富裕,带领人民创造美好生活,带领人民共享改革发展的丰硕成果。

全面建成小康社会,必须坚持以人民为中心开展工作。第一,以

---

[1]《习近平在省部级主要领导干部"学习习近平总书记重要讲话精神,迎接党的十九大"专题研讨班开班式上发表重要讲话强调 高举中国特色社会主义伟大旗帜 为决胜全面小康社会实现中国梦而奋斗》,《人民日报》2017年7月28日。
[2] 习近平:《决胜全面建成小康社会 夺取新时代中国特色社会主义伟大胜利》,《人民日报》2017年10月28日。

人民为中心，深刻体现了中国共产党为人民谋幸福、为中华民族谋复兴的初心与使命。全面建成小康社会的根本出发点是紧紧围绕人民需要、紧紧依靠人民力量开展社会建设，全面建成小康社会的最终落脚点是提高社会主义国家生产力与综合国力，切实保障与增进人民群众福祉。第二，以人民为中心、紧紧依靠人民是贯彻新发展理念，构建新发展格局，建设现代化经济体系的客观要求。创新是民族发展不竭的动力，而人才素质的提高、人才创新能力的提升则是创新的不竭动力。在生产力要素中，人是最为关键的要素，直接影响生产力的活力与动力。要决胜全面建成小康社会，必须充分调动人的生产积极性、不断增强人的创新意识、充分发挥人的创新能力，从而满足人对美好生活的需要与向往。第三，以人民为中心体现了共同富裕的社会主义本质要求。社会主义不是生产力水平低下的社会，而是要不断解放和发展生产力，促进生产力水平和社会发展水平不断提升的社会。在社会生产力不发达、不全面、不均衡、不充分的总体小康社会里，客观上存在先富起来的人群和地区。但长期的一部分人富裕不是社会主义，全面建成小康社会就是要让人民全面地富裕起来，让改革开放的成果能够惠及全体人民。在奔向全面小康的路上，一个民族、一个地区、一个人都不能掉队。以习近平同志为核心的党中央，在全面建成小康社会的道路上，始终坚持以人民为中心，紧紧依靠人民，秉持人民的利益比天大的基本理念，不断增强人民在改革开放中的安全感、幸福感和获得感，确保全面建成小康社会最终能获得人民的认可、经得起历史的检验。

全面建成小康社会，必须得到人民的认可。2018年1月5日，习近平总书记在学习贯彻党的十九大精神研讨班开班式上的讲话指出："时代是出卷人，我们是答卷人，人民是阅卷人。"[①] 时代赋予了中国

---

① 《习近平谈治国理政》第3卷，外文出版社2020年版，第70页。

共产党带领人民全面建成小康社会的历史使命,中国共产党建设答卷必须经过人民的审阅与检验。第一,全面建成小康社会要经得起人民的检验,必须抓住最关系到人民群众直接利益、现实利益的问题,解答人民群众在实践中最关心的困惑,为人民着想,给人民解决急难困境,让人民从内心中认可,才能达到全面建成小康社会的标准。第二,由于人民群众是历史的创造者与推动者,因此人民的认可是衡量全面建成小康社会是否达标最重要的指标。2012年11月15日,习近平总书记在十八届中央政治局常委同中外记者见面时的讲话中谈道:"我们的人民热爱生活,期盼有更好的教育、更稳定的工作、更满意的收入、更可靠的社会保障、更高水平的医疗卫生服务、更舒适的居住条件、更优美的环境,期盼孩子们能成长得更好、工作得更好、生活得更好。人民对美好生活的向往,就是我们的奋斗目标。"[①] 由此可以看出,全面建成小康社会并不单纯是经济数据上的增长,而是要落实到人民对美好生活需求与向往的方方面面,要顺应人民的需求,解决好群众普遍关心的突出问题,才能从根本上得到人民的认可。第三,全面建成小康社会和总体小康相比,首要的亮点在于"全"。全面建成小康社会,是让全体人民享受小康生活,需要得到全体人民的认可。全面建成小康社会的发力点是扭住社会中存在的短板与缺陷,在补齐短板上下功夫、花力气。"行百里者半九十",中国历经艰难险阻,不断爬坡过坎、跋山涉水,到了全面建成小康社会的决胜阶段和最关键的一程,思想上绝不能懈怠,实践中绝不能松劲,要在四个全面的战略布局中,在五位一体的总体布局里,贯彻新发展理念,坚定不移推进经济高质量发展,确保所有贫困地区、所有贫困人口一道迈入全面小康社会之中。

---

① 《习近平谈治国理政》,外文出版社2014年版,第4页。

参考文献

1.《马克思恩格斯全集》第46卷（上），人民出版社1979年版。
2.《马克思恩格斯选集》第1卷，人民出版社2012年版。
3.《马克思恩格斯选集》第3卷，人民出版社2012年版。
4.《列宁选集》第4卷，人民出版社1995年版。
5.《毛泽东选集》第4卷，人民出版社1991年版。
6.《毛泽东文集》第8卷，人民出版社1999年版。
7.《周恩来经济文选》，中央文献出版社1993年版。
8.《孙中山选集》，人民出版社1981年版。
9.《邓小平文选》第1卷，人民出版社1989年版。
10.《邓小平文选》第2卷，人民出版社1994年版。
11.《邓小平文选》第3卷，人民出版社1993年版。
12.《邓小平年谱》（1975-1997）（上），中央文献出版社2004年版。
13.江泽民：《论党的建设》，中央文献出版社2001年版。
14.江泽民：《全面建设小康社会 开创中国特色社会主义事业新局面》，《人民日报》2002年11月18日。
15.《习近平谈治国理政》，外文出版社2014年版。
16.《习近平谈治国理政》第2卷，外文出版社2017年版。
17.《习近平谈治国理政》第3卷，外文出版社2020年版。
18.习近平：《决胜全面建成小康社会 夺取新时代中国特色社会

主义伟大胜利》,《人民日报》2017 年 10 月 28 日。

19. 习近平:《在庆祝改革开放 40 周年大会上的讲话》,人民出版社 2018 年版。

20.《习近平关于全面建成小康社会论述摘编》,中央文献出版社 2016 年版。

21.《习近平关于严明党的纪律和规矩论述摘编》,中央文献出版社、中国方正出版社 2015 年版。

22.《习近平关于党风廉政建设和反腐败斗争论述摘编》,中央文献出版社、中国方正出版社 2015 年版。

23.《习近平关于全面依法治国论述摘编》,中央文献出版社 2015 年版。

24.《习近平关于实现中华民族伟大复兴的中国梦论述摘编》,中央文献出版社 2013 年版。

25.《习近平关于科技创新论述摘编》,中央文献出版社 2016 年版。

26.《习近平关于"不忘初心、牢记使命"重要论述选编》,党建读物出版社、中央文献出版社 2019 年版。

27.《习近平总书记系列重要讲话读本》,学习出版社 2014 年版。

28. 习近平:《之江新语》,浙江人民出版社 2007 年版。

29. 中共中央宣传部:《习近平新时代中国特色社会主义思想三十讲》,学习出版社 2018 年版。

30. 中共中央宣传部:《习近平新时代中国特色社会主义思想学习纲要》,学习出版社、人民出版社 2019 年版。

31. 中共中央党史和文献研究院:《改革开放四十年大事记》,人民出版社 2018 年版。

32. 中共中央党史研究室:《中国共产党的九十年》,中共党史出版社、党建读物出版社 2016 年版。

33.《习近平在省部级主要领导干部"学习习近平总书记重要讲话精神，迎接党的十九大"专题研讨班开班式上发表重要讲话强调　高举中国特色社会主义伟大旗帜　为决胜全面小康社会实现中国梦而奋斗》，《人民日报》2017 年 7 月 28 日。

34.习近平：《贯彻落实新时代党的组织路线　不断把党建设得更加坚强有力》，《求是》2020 年第 15 期。

35.《十八大以来重要文献选编》（上），中央文献出版社 2014 年版，第 79 页。

36.李君如：《小康中国》，浙江人民出版社 2003 年版。

37.《国家主席习近平发表二〇二〇年新年贺词》，《人民日报》2020 年 1 月 1 日。

38.《中国共产党第十八届中央委员会第四次全体会议文件汇编》，人民出版社 2014 年版。

39.康有为：《孟子微》，中华书局 1987 年版。

"新时代新思想标识性概念"丛书

第一辑

《坚定"四个自信"》

《"五位一体"总体布局》

《"四个全面"战略布局》

《新发展理念》

《新常态和供给侧结构性改革》

《总体国家安全观》

《"一带一路"倡议》

《国家治理体系和治理能力现代化》

第二辑

《中国特色社会主义新时代》

《做到"两个维护"》

《增强"四个意识"》

《不忘初心牢记使命》

《脱贫攻坚》

《全面建成小康社会》

《社会主义核心价值观》

《现代化经济体系》